# Sagenhaftes Ostwestfalen-Lippe

Hubertus Hagemeier
und Verena Hellenthal

# Sagenhaftes Ostwestfalen-Lippe

## Die schönsten Geschichten und Legenden

SUTTON HEIMAT

## Über dieses Buch

Bei diesem Band handelt es sich um eine Zusammenstellung der schönsten Geschichten aus den im Sutton Verlag erschienenen Titeln:

Märchen und Sagen aus Ostwestfalen-Lippe (2006),
Sagenhaftes aus dem Hochstift Paderborn (2011),
Sagenhaftes Lipperland (2012),
Sagen aus dem Minden-Ravensberger Land (2013).

## Bildnachweis

Shutterstock/Tobias Arhelger: Einband vorne; Shutterstock/Olaf Schulz: Vorsatz; Shutterstock/Bildagentur Zoonar GmbH: S. IV/1; Shutterstock/lichtmaster: S. 2/3, Einband hinten; Shutterstock/Andreas Wolochow: S. 10; Shutterstock/Akatjomar: S. 12/13; Shutterstock/Marc Venema: S. 18, 107; Shutterstock/guentermanaus: S. 28/29; Shutterstock/StefanPfuertner: S. 35; Shutterstock/Traveller70: S. 50/51; Shutterstock/Sascha_L: S. 54/55; Shutterstock/Antonia Gros: S. 62/63; Shutterstock/Edda Dupree: S. 84/85, 116; Shutterstock/Felix Schier: S. 96/97; Shutterstock/W.Milz: S. 111; Shutterstock/Twilight-ArtPictures: Nachsatz;

Alle weiteren Bilder stammen von Hubertus Hagemeier.

**Impressum**

Sutton Verlag GmbH
Schweickhardtstraße 1
72072 Tübingen
www.suttonverlag.de


3. Auflage, 2023
ISBN: 978-3-95400-946-6
Printed in Poland by CGS Printing

# Inhalt

# Vorwort

Dass die Landschaft den Menschen prägt, dürfte jedem einleuchten. So hat auch unsere Region mit ihren vielen Besonderheiten, Eigenheiten und dem charakteristischen Menschenschlag eine Fülle fantasievoller Märchen und Geschichten hervorgebracht, die ihren Einzug in die Literatur gefunden hat. Die Region, um deren Mythen, Sagen und Märchen es in diesem Buch geht, ist ein schönes, romantisches, aber auch ein altes, geschichts- und geschichtenträchtiges Land voller Merkwürdigkeiten und Geheimnisse aus vergangenen Tagen: Wallburgen, Teufelssteine, untergegangene Orte, uralte Bäume, Moore und Heiden, Steingräber, erloschene Vulkane und vieles mehr. Ostwestfalen-Lippe ist ein Zusammenschluss historischer Landschaften. Der Sitz der Bezirksregierung liegt in Detmold, zum Regierungsbezirk gehören die Kreise Gütersloh, Herford, Höxter, Lippe, Minden-Lübbecke, Paderborn und die kreisfreie Stadt Bielefeld. Die über zwei Millionen Bewohner Ostwestfalen-Lippes verteilen sich auf die städtischen Ballungsgebiete Paderborn, Detmold und Bielefeld, auf die ländlichere Umgebung dieser Städte und den Kreis Höxter.

Seit jeher gelten die Westfalen – und insbesondere die Ostwestfalen – als besonders stur und wortkarg, darum mag manch einer verwundert sein, welch allegorischen Geschichten sich diese Menschen zu erzählen hatten. Im Zeitalter von Radio, Fernsehen und Computer hat die mündlich weitergegebene Literatur an Bedeutung verloren und einige Geschichten sind wohl für immer mit ihren Erzählern ins Grab gewandert. Umso wichtiger und interessanter ist es, einige von ihnen wieder auszugraben und ihnen neues Leben einzuhauchen.

Das Pendant zur westfälischen Sturheit ist wohl der lippische Eigensinn. Das Fürstentum Lippe, erstmals 1123 urkundlich erwähnt, war bis 1947 ein selbstständiger Freistaat. Es hat sich stets behauptet und ist im Gegensatz zu vielen großen Nachbarstädten niemals preußisch geworden. Erst nach Ende des Zweiten Weltkriegs musste es sich einer Auflage der Siegermächte beugen und einem größeren Nachbarland anschließen. Auch wenn Westfalen und Lipper ihre Identität bewahren konnten, kulturhistorisch gesehen gehören sie zusammen.

Geprägt ist die Gegend Ostwestfalen-Lippe besonders vom Teutoburger Wald. Dieses reich bewaldete Kettengebirge erstreckt sich in nordwestlicher Richtung über eine Länge von 150 Kilometern, im Süden schließt sich das Eggegebirge an. Der alte Name

Osning, von Osnegge = Bergkanten, -wälle, ist heute nicht mehr gebräuchlich, findet sich aber noch in Flur- und Straßennamen.

Die Geschichte der Landschaften Westfalens reicht weit zurück, schon der römische Historiker Tacitus berichtete, dass römische Soldaten die Gegend durchzogen. Etwa im 3./4. Jahrhundert breitete sich der germanische Volksstamm der Sachsen hier aus. Die Sachsen hatten keinen allein herrschenden König, stattdessen regierte eine mächtige Adelsschicht. Ihr Gebiet teilte sich in die drei Herrschaften Engern (Angarier) sowie Ost- und Westfalen (ostwärts und westlich der Weser) auf. In den folgenden Jahrhunderten war es ziemlich still um die Westfalen und Lipper, bis zum Zeitalter Karls des Großen, der seine Herrschaft und die des Christentums in diese Gegend auszudehnen suchte und 772, kurz nach seiner Ernennung zum König, mit seinen fränkischen Truppen in das sächsische Territorium einmarschierte. Ausgerechnet hier stieß er auf seinen wohl größten Widersacher, Widukind. Karl der Große benötigte über 30 Jahre bis zur endgültigen Unterwerfung und Christianisierung der Sachsen. Während sich viele Sachsen bereits zu Beginn der Eroberungszüge taufen ließen, erwies sich der Engeraner Widukind als erbitterter Gegner. Die beiden Widersacher prägten nicht nur einen wichtigen Abschnitt der Geschichte Ostwestfalen-Lippes, sondern sind bis heute Gegenstand vieler Sagen und Legenden. An Steinen, Bergen, Wäldern, Burgen, Kirchen und Klöstern sind Spuren Karls des Großen und Widukinds zu finden.

Nach der Unterwerfung der Sachsen durch die Franken wurde die altsächsische Gauverfassung durch die fränkische Grafschaftsverwaltung ersetzt. In den folgenden Jahrhunderten galt vielerorts das Faustrecht und die Adeligen bauten sich zum eigenen Schutz feste Schlösser und Burgen auf steilen Höhen. Im 12. Jahrhundert erschienen am Osning die ursprünglich in Vechta ansässigen Grafen von Calvelage, denen es in kurzer Zeit gelang, sich eine Landesherrschaft aufzubauen. Ihnen gehörten die Burgen auf dem Ravensberg, dem Sparrenberg, dem Limberg und die in Vlotho. Nach ihrem Hauptsitz nannten sie sich bald Ravensberger Grafen und ihr Gebiet hieß Ravensberger Land, eine Bezeichnung auf die man heute noch häufig stößt.

Die Westfalen und Lipper lebten eng mit der Natur und den Tieren zusammen, darum sind beide auch immer wieder Gegenstand der Erzählungen. Alte Bäume, vor allem die Linden, galten seit jeher als heilig und waren oft das Zentrum einer Region und Gerichtsstätte. Größere Naturerscheinungen wie Berge oder Felsen wurden entweder mit riesenhaften Wesen, Hünen oder – später, in christianisierter Form – dem Teufel in Verbindung gebracht. Auch Tiere sind als Botschafter oder Fingerzeige Gottes häufige Bestandteile der Erzählungen, dies geht vermutlich darauf zurück, dass die Menschen mit ihren Tieren zusammenlebten, mit ihnen vertraut waren und ihnen auf diese Weise Kirche und Gott näher waren. Naturerscheinungen deuteten die Menschen nach ihren eigenen Vorstellungen, die oft stark von einer gewissen Volksfrömmigkeit geprägt waren.

In den Geschichten über diese Gegend kommt auch immer wieder der Hellweg vor. Richtigerweise sind es die Hellwege, alte Handels- und Heerwege. Einige stolze Bauten und Burgen, die den Weg einst säumten, wurden während des Dreißigjährigen Krieges fast vollständig zerstört. Mit der Reformation im 16. Jahrhundert verloren dann auch viele Kirchen und Klöster in der Region an Bedeutung. Die immer weiter fortschreitende Säkularisierung tat ihr übriges dazu, Stätten und Bauten in Vergessenheit geraten zu lassen und mit ihnen die Sagen, die sich um sie rankten.

Erst vor etwa 200 Jahren begann die Zeit der Märchensammler, die die Geschichten aufschrieben, die ihnen aus dieser Region zu Ohren kamen. Die Brüder Grimm und Ludwig Bechstein zählen zu den Bekanntesten. Mit den Märchen- und Sagensammlern fanden diese Geschichten dann über die Verschriftlichung in Buchform ihren Weg zu weiten Teilen der Bevölkerung. Damit endete die Tradition der mündlichen Überlieferung, die den erzählten Text von Generation zu Generation stetig der jeweiligen Zeit anpasste, für immer. Die Sagen und Märchen wurden fixiert, in eine feste, dauerhafte Form gebracht, die nur noch wenig Raum für eigene Ausschmückungen und Fantasie bot. Obwohl die meisten Märchen- und Sagensammler erklärten, die Geschichten als Volksüberlieferung und Volksgut ohne Veränderungen aufgeschrieben zu haben, wissen wir heute, dass jeder Herausgeber mehr oder weniger umfangreiche Bearbeitungen der Texte vorgenommen hat.

Damit konnten sie zwar nur einen Bruchteil der tatsachlich einmal existierenden Sagen und ihre Variationen bewahren, doch schon allein diese lassen ahnen, was das Leben der Menschen prägte. In allen Regionen Deutschlands folgte ihnen eine Vielzahl von Sammlern, die neben den Märchen auch die örtlich verbreiteten Sagen und Gebräuche aufschrieben. Zeitgleich wurde jedoch die Zahl der Märchenerzähler immer geringer. Die sich rasch verändernden Lebensumstände und die technischen Neuerungen führten dazu, dass die professionellen Erzähler fast vollständig verschwanden und dass auch im häuslichen Umfeld immer weniger erzählt wurde. Die Erzählkunst geriet in Vergessenheit.

Im Laufe der Zeit entdeckten dann Psychologen und Pädagogen die Märchen neu. Heute gibt es eine Vielzahl von Deutungsmustern und Methoden, die die Kraft der Märchen zur Wirkung bringen können. Märchen sind Seelennahrung für Groß und Klein. Bereits in der Kleinkindzeit vermittelten uns Märchen und Sagen Wertvorstellungen, die das Fundament des späteren Weltbildes, unsere Wertewelt, bilden. Kinder können anhand der Märchenfiguren die Konsequenzen bestimmter Verhaltensweisen erleben, wobei das Wertebild im Märchen kindgerecht vermittelt wird. Viele der klassischen Märchen wirken einfach und holzschnittartig: Das herzensgute, fleißige Mädchen ist am hübschesten und darf am Schluss den Prinzen heiraten, die faule Stiefschwester ist hässlich und wird bestraft. Das Verständnis für Gut und Böse wird ebenso geschärft wie das Bewusstsein für gelebte Werte. Sie geben uns Mut und

Hoffnung, weil am Schluss meist der Kleine, Unterdrückte und scheinbar Schwache siegt.

Doch trotz aller Forschung bewahren die Volksmärchen bis heute Geheimnisse, die mit dem Verstand allein nicht fassbar sind. Das ist nicht verwunderlich, führen doch die Wurzeln der Erzählungen bis weit in die Zeit zurück, in der das Denken und Handeln der Menschen stark von Intuition, Spiritualität und Glauben geprägt war. Mit Märchen und Sagen betreten wir das Land der Träume, der Fantasie, der unbegrenzten Möglichkeiten und der Wunder. Der Wahrheitsgehalt bleibt, wie das bei Sagen und Märchen meist der Fall ist, oft im Dunkeln, beziehungsweise dem Auge des Betrachters überlassen. Doch auch wenn Geschichte, Sage und Mythos ineinander übergehen, beinhalten sie meist einen wahren Kern. Sagenhafte Bauten mit ihrer Vergangenheit prägen vielerorts das Bild einer Stadt und stellen so eine direkte Begegnung mit Land und Leuten dar.

*Das Wittekind-Denkmal in Herford.*

# Unterschiede und Gemeinsamkeiten von Mythen, Sagen und Märchen

## Mythen

Viele Menschen sind davon überzeugt, dass die Erzählung, die zu einem Mythos geworden ist, der Wahrheit entspricht. Doch zumeist verhält es sich so, dass eine solche Erzählung einer rationalen Prüfung nicht standhalten kann. Der Mythos hat seinen Ursprung in der frühen Menschheitsgeschichte und deren Überlieferungen. Es handelt sich um eine kollektive Sichtweise oder Weltanschauung unter Verwendung religiöser Symbole und Metaphern. Hierbei werden Ereignisse des Alltags deutend erklärt, und zwar nicht anhand von wissenschaftlichen Erkenntnissen, da es diese in der damaligen Zeit noch nicht gab. Ein Mythos handelt zum großen Teil von Göttern und Helden oder hat die Schöpfung zum Thema. Er besitzt metaphorische und symbolische oder fantastische Elemente. Die Hauptfunktion des Mythos besteht darin, die beispielhaften Modelle für alle Riten und alle wichtigen menschlichen Betätigungen wie Ernährung, Arbeit oder Erziehung festzuschreiben. Der Mensch ahmt nun die exemplarischen Taten der Götter in den jeweiligen Lebensbereichen nach. Diese genaue Wiederholung der Taten der göttlichen Vorbilder hat einen doppelten Effekt: Der Mensch bewahrt sich einerseits einen Platz im Heiligen und damit in der Realität, andererseits wird durch die ständige Wiederholung die Welt geheiligt, und so trägt der Handelnde dazu bei, dass die Heiligkeit der Welt (und Nachwelt) erhalten bleibt.

## Sagen

Der Begriff Sagen steht für Geschichten, die in der vorgeschichtlichen, schriftlosen Zeit mündlich überliefert wurden. Sagen knüpfen stets an reale Gegebenheiten an, gestalten diese fantasievoll aus und steigern sie ins Wunderbar-Fantastische. Sie hängen meist eng mit geschichtlichen Ereignissen zusammen. Volkssagen sind stilistisch und sprachlich eher anspruchslos und häufig in Mundart verfasst. Gekennzeichnet werden solche Sagen zum Teil durch ihre dämonischen oder magischen Elemente. Natursagen basieren auf der Erzählung von seltsamen Naturerscheinungen oder Ereignissen. Grundsätzlich aber steht der Realitätsanspruch einer Sage über dem

eines Märchens. Sagen sind – anders als Märchen – eng verbunden mit einem Ort, einer Region oder einer Datierung. Auch sind sie durch eine strenge Unterscheidung eines dies- und jenseitigen Bereichs gekennzeichnet.

## Märchen

Märchen ist der Begriff für eine Literaturgattung, bei der es sich überwiegend um eher kurze, mit surrealen und wunderbaren Elementen ausgeschmückte Erzählungen handelt. Märchen können meistens nicht einem Ort oder einer Region zugeordnet werden, sie bleiben frei von solchen Bindungen, um in erster Linie durch eine allgemeingültige Botschaft zu wirken. Daher sind auch die Urheber häufig unbestimmbar. Märchen wurden zunächst über teilweise große Zeiträume hinweg mündlich überliefert, bis sie irgendwann gesammelt und schriftlich festgehalten wurden, und liegen deshalb in zahlreichen Varianten vor. Nicht selten enthalten Märchen anonymisierte Sagenstoffe.

Märchen und Mythen lassen sich sehr unterschiedlich deuten. Je älter und archetypischer sie sind, umso mehr ähneln sie Träumen. Sehr viele Märchen aus der Sammlung der Brüder Jacob und Wilhelm Grimm sind solch uralte, symbolhafte Beschreibungen elementarer seelischer Prozesse. Dazu gehören das Erwachsenwerden, die Entwicklung der Liebesfähigkeit, die Selbstwerdung durch Überwindung vordergründigen Ichdenkens und verdrängte menschliche Wesensanteile. Diese Märchen lassen sich, wie so viele Träume auch, auf der Subjektstufe deuten, das heißt, alle Figuren, die auftauchen, werden als Teilaspekte der Persönlichkeit des Träumers oder der Märchenheldin bzw. des Märchenhelden betrachtet. Sie treten miteinander in Aktion, indem sie Aufgaben bewältigen oder die Lösung von Rätseln finden müssen. Ist die Aufgabe geschafft, so wird „Hochzeit gefeiert", das heißt, die Heldin oder der Held haben ihre unterschiedlichen Persönlichkeitsaspekte in Liebe miteinander in sich selbst versöhnt. Sie haben damit ihr „Selbst" gefunden, das der Archetyp der Ganzheit einer Persönlichkeit ist. In Märchen wird es, wie in der Psychotherapie, als das Ziel verstanden, im Leben immer mehr „man selbst", eine heile, eine geheilte, ganzheitliche Persönlichkeit zu werden.

# Kreis Herford

## Einleitung

Zwischen Teutoburger Wald und Wiehengebirge gelegen, gehört der Kreis Herford landschaftlich zum Weserbergland. Hier sind alte Gutshöfe, Stadtkerne, Kirchen und Herrensitze ebenso zu finden wie moderne Fabriken. Der Kreis blickt auf eine lange Geschichte zurück.

Ähnlich wie in der Stadt Minden hat sich auch in Herford ein geistliches Zentrum herausgebildet. Günstig gelegen an der Heeresfurt, der Doppelfurt von Aa und Werre, entwickelte sich die Stadt schnell. Wegen seiner vielen Kirchen wurde Herford auch lange Zeit das „Hillige Herwede" genannt. Aber nicht nur die einstige Handelsstadt Herford, auch die umliegenden Städte in diesem Kreis haben einiges an interessanter Geschichte zu bieten.

In der Stadt Enger soll der sagenumwobene Sachsenherzog Wittekind begraben liegen. Die ebenfalls im Kreis Herford liegende Kleinstadt Bünde ist weit über ihre Grenzen hinaus als Zigarrenstadt bekannt.

Die Region gehörte bis 1807 zum preußischen Territorium Minden-Ravensberg. Der Kreis Herford entstand 1816 als kommunale Verwaltung. Zunächst eigenständig, wurde der Kreis Bünde erst rund 20 Jahre später dem Kreis zugeordnet.

## Der Kirchturm zu Enger

König Wittekind hat die Kirchen zu Bünde, Enger, Melle und Rehme gegründet und verkünden lassen, wo man zuerst mit dem Bau fertig sei, da wolle er begraben sein. Daraufhin machten sich alle Gemeinden sogleich mit Fleiß und Eifer an die Arbeit. Die Bünder Gemeinde sollte schon bald am meisten fortgeschritten sein. Die zu Enger haben daraufhin eine List angewendet und zuerst die Kirche gebaut, aber ohne den Turm, und sind so auch zuerst fertig gewesen.

Ein weiterer glücklicher Zufall soll den Bau der Kirche begünstigt haben. So mussten die Steine dafür nicht extra von weither angeschafft und gehauen werden, sondern konnten ganz in der Nähe auf einer Anhöhe aufgelesen werden. Diese trägt bis heute den Namen Liesberg, aber Steine hat man nach dem Kirchbau dort nie wieder gefunden.

Das Angerthal hatte gesiegt und war zuerst mit dem Bau der Kirche fertig. Der König würde, wenn es denn soweit sei, in ihrer Kirche begraben werden. Der noch fehlende Turm konnte jetzt in voller Ruhe und Muße an die Kirche angebaut werden. Dem Turm sollte es weder an Höhe, noch an stattlichen Verzierungen mangeln. Doch schien dieses Vorhaben vergeblich. Man begann mit viel Mühe die Arbeit, aber alles umsonst. Der Bau kam nicht weiter. Was am Tage gemauert war, fiel jedes Mal des Nachts wieder zusammen. Da wurde ein Platz bemerkt, einige Schritte von der Kirche und der Baustelle entfernt, welcher trocken war, obwohl alles rundherum feucht von Tau war. Drei Tage beobachtete man diese Wundererscheinung, da beschloss man, den Turm an diesem Platz zu bauen. Und siehe da, es fiel nichts mehr zusammen. Der Bau ging anfangs ungehindert rasch voran. Als er aber eine geringe Höhe erreicht hatte, begann das alte Unwesen von neuem. Alle Bemühungen, weiter zu kommen, waren vergebens. So ist es gekommen, dass der Turm zu Enger einige Schritte von der Kirche entfernt, vereinzelt und ganz unansehnlich dasteht.

(nach Kuhn 1859/Redeker)

## Das Gotteshaus zu Herforden

Am Fuß des Goddesbergs, im heutigen Dornberg, hatte der edle Herr Wolther seine Wohnstatt und seine Besitzungen. Der edle Wolther war der Sage nach vielleicht ein Bruder oder Vetter und Kanzler Wekings [Widukinds]. Nach dessen Vorbild hat er sich taufen lassen und war seitdem ein eifriger Diener des neuen Glaubens geworden. Darum beschloss der edle Walther, eine Kirche zu stiften und anbei eine Wohnstatt für fromme Klosterfrauen. Aber er war zweifelhaft, welcher Ort wohl den Heiligen des Himmels wohlgefällig wäre. Da wurde ihm in einem Gesicht offenbart, ein Ochse werde die richtige Stelle zeigen. Darauf wurde ein Ochse aus der Herde ausgewählt, den man von Dornberg aus frei losgehen ließ. Dieser wanderte etwa eine Stunde in nordöstlicher Richtung los, bis er sich niederlegte. Dort wo jetzt der Meierhof zu Müdehorst ist, der hiervon seinen Namen hat. Man glaubte, die Stätte für die Stiftung gefunden zu haben, da erhob sich das Tier wieder und ging in nordöstlicher Richtung weiter. Bis dahin, wo Aa und Werre sich vereinen und wo die Furt war, von der Herford seinen Namen hat. Hier nun blieb der Ochse und hier wurde das Kirchlein erbaut. Das ist der Ursprung der danach so mächtigen Abtei und der Anfang des heiligen Herford.

(nach Kuhn 1859)

# Die Vision zu Herford

Im Jahre 1011, am Tage der Heiligen Gervasius und Protasius, ging ein armer Schäfer nach Herford, um im Hochstifte eine milde Gabe zu erbitten. Auf einem Hügel nahe der Stadt erschien ihm die Jungfrau Maria. Diese trug ihm auf, der Äbtissin des Hochstiftes zu sagen, dass sie auf diesem Hügel eine Kirche bauen möge. Außerdem eine Wohnung für fromme Jungfrauen, welche sich ganz besonders ihrem, Marias, Dienste widmen sollten. Der Schäfer tat wie ihm befohlen. Aber die kluge Godesta, eine Schwester Bernhards, Herzog von Sachsen, ihrerzeit Äbtissin des Hochstifts, schenkte dem Schäfer keinen Glauben, sondern nannte ihn einen Betrüger und ließ ihn ins Gefängnis werfen. Hier saß er nun und überlegte vergebens, wie er sich rechtfertigen und Marias Gebot in Erfüllung bringen könnte. Denn auch der Bischof zu Paderborn, der heilige Meinwerk, wollte dem Schäfer nur mit einem Wahrzeichen glauben, dass die heilige Jungfrau Maria zu ihm gesprochen habe. Da endlich erschien dem Schäfer die Himmelskönigin erneut. Erfreut über seine Treue offenbarte sie ihm, was nun zu tun sei. Der Gefangene ließ der Äbtissin Godesta mitteilen, dass er zu einem Wahrzeichen bereit wäre, wenn man ihn nochmals zu dem Hügel hinführen möge. In der Gegenwart einer zahllosen Menschenmenge steckte der Schäfer hier ein Kreuz in die Erde. In der Gestalt einer Taube kam die himmlische Jungfrau herab und setzte sich auf das Kreuz, gerade so, wie sie es dem Schäfer verkündet und er vorhergesagt hatte. Da ließ man die Kirche und das Stift bei Herford auf dem Berge erbauen. Das Fest der Erscheinung ist seitdem jährlich gefeiert worden. Nach und nach ging der eigentliche Anlass der Feier verloren und es wurde ein Volksfest daraus, welches aber immer noch Vision heißt. Und von dem Kreuze ist auch noch ein Stück übrig. Es befindet sich in dem Altar der Kirche.

(nach Redeker 1830)

Das Herforder Münster,
die größte Kirche der Stadt.

## Der Nonnenstein

An der Südseite des Tales, in welchem das kleine Börninghausen versteckt liegt, ist eine Höhe. Diese überragt alle übrigen in der umherliegenden Bergkette und wölbt sich oben in eine breite mächtige Kuppel. Auf diesem Gipfel hat man eine so weite Aussicht, wie an keinem anderen Punkt in der Gegend. Selbst der Spiegel des Dümmers blickt hinter dem Stemmerberg hervor. Hier hat einst ein Nonnenkloster gestanden. Besonders auf der Südseite des Berges, wo das schwesterliche Kirchdorf Rödinghausen ist, hat das Kloster reiche Güter besessen. Aber dieser Reichtum hat die Klosterfrauen im Laufe der Zeit üppig, stolz und hart gemacht. Sie waren der ganzen umherliegenden Gegend ein Ärgernis, den ihnen meist pflichtigen Rödinghausern gar eine schwere Plage. Umso schlimmer war es, als ein Missjahr eintrat. Während unten in den Tälern Mangel und Not wohnte, waren die Speicher des Klosters voll. In den prächtigen Gemächern auf dem Berg herrschte weiterhin Üppigkeit. Die Rödinghauser, welche das Wohlleben durch die erleuchteten Fenster der Abtei ständig vor Augen hatten, ergrimmten nun vollends. Noch einmal versuchten sie es, gingen hin und baten um Erbarmen und Hilfe. Aber sie wurden schnöde abgewiesen. Da sprachen sie: „Ein Stein erbarmte sich ja wohl und ihr nicht?" Nach dieser Abweisung hat sich ganz Rödinghausen aufgemacht, das Kloster zu erstürmen und die Nonnen zu verjagen, selbst die Steine des Gebäudes wurden von dannen geschleppt. Nur einen Seitenturm hat man als Wahrzeichen stehen lassen. Von diesem ist noch ein Überrest vorhanden. Und man sagt, ein Stein, vermutlich der Grundstein, blieb liegen, weil selbst sechs Pferde ihn nicht vom Platz fortbewegen konnten. Er liegt noch immer dort. Ein Denkzeichen jener Hartherzigkeit, der sich in jeder Mitternachtsstunde einmal umdreht. Von ihm hat der Berg den Namen Nonnenstein.

(nach Redeker 1830)

## Die Braut vom Nonnenstein

Gegenüber vom Nonnenstein ist der Limberg, auf dem noch die Reste einer alten Burg stehen. Einst waren die Limburger Burgherren verarmt, und der letzte Sohn musste kümmerlich leben. Den Nonnensteinern ging es dagegen sehr gut und die Tochter des Burgherren, mit Namen Gertrud, sollte später einmal alles erben. Nun kam es aber so, dass sich der Limburger Sohn und Gertrud verliebten und heiraten wollten. Damit war der Nonnensteiner Burgherr aber nicht einverstanden, weil der Limburger doch so arm war. Er lud darum zu einem großen Turnier ein, dessen Sieger seine Tochter zur Frau bekommen sollte. Ein Ritter, der mit geschlossenem Helm antrat, besiegte alle anderen bei diesem Turnier. Als er nach seinem Sieg den Helm abnahm, erkannten alle dahinter den Limburger Sohn. Da wurde Gertruds Vater wütend und verlangte vom Limburger, dass er nun auch ihn würde besiegen müssen. So kämpften nun Gertruds Vater und Gertruds Bräutigam gegeneinander. Bei diesem Kampf kamen beide ums Leben. Untröstlich über diesen schrecklichen Ausgang, verwandelte das junge Burgfräulein die Burg in ein Jungfrauenkloster und wurde dort Äbtissin. Die Limburger Burg aber verfiel.

(nach Vormbaum)

## Teike

Zwischen Dünne und Randringhausen liegt der Teikeplatz, benannt nach dem Geist Teike, der dort nachts herumspuken soll. Wie früher üblich, traf man sich abends auch auf dem Bauernhof beim Teikeplatz, um zu spinnen. Vor allem die jungen Mädchen saßen da zusammen und hatten Jungen als Begleiter dabei, die so allerlei Dönkens und Späße machten und die eine oder andere Geschichte erzählten.

So erzählte man sich auch von Teike, und einer der Burschen wurde etwas übermütig. Er sollte zum Platz gehen und Teike rufen. Der Bursche rief nun dreimal: „Teike, Teike bist du roä?“, was soviel bedeutet wie „bist du fertig“. Beim dritten Ruf erhielt er die Antwort: „Up oäne Schaunaht.“ Im nächsten Moment hörte der Bursche ein Geräusch wie Pferdegetrappel, da rannte der Junge in das Haus zurück, aus dem er gekommen war.

Da die anderen bereits die Deelentür geöffnet hatten, schaffte er es gerade noch ins Haus. Die Tür wurde sofort hinter ihm zugeschlagen. Im nächsten Moment war es, als würde ein Huf an die Tür klopfen. Der Bursche war fast tot nach diesem Ereignis, hat sich aber doch wieder erholt. Das nach dem Hufschlag fehlende Stück Holz aus der Tür hat der Bursche nicht zu reparieren vermocht, man musste schließlich eine ganz neue Tür kaufen.

(nach Wolfersdorf)

## Teufels Marie

In Südlengern hatte sich einst eine reiche Bauerntochter dem Teufel verschrieben. Sie trug den Namen Hamels Marie. Bei der Spinnerei wurde sie von den anderen sehr unfreundlich behandelt, weil ihr niemand das Geld gönnte, das sie besaß. Auch versuchte man häufig, ihr Geld zu stehlen, doch sie bekam immer heraus, wer es gewesen ist. Ihre Eltern wollten sie aus dem Hause werfen, als sie von Maries Umgang mit dem Teufel erfuhren. Doch sie kam am nächsten Morgen wieder, und die Eltern konnten sie nicht erneut hinauswerfen. Bald nach diesem Ereignis starb Marie. Als nach der Beerdigung alle nach Hause kamen, saß Marie in Gestalt einer Krähe auf der Mauer und rief: „Ha, ha, ha, ich bin schon wieder da!“ Da rief man den Pastor aus Bünde, der einen Trick anwendete. Er gab Marie einen Eimer ohne Boden und ein hölzernes Beil und wies sie in den kahlen Berg. Dazu gab er ihr die Weisung, nicht eher wiederzukommen, bis sie mit dem Eimer den Teich im Berge ausgeleert und mit dem Beil den Wald abgehauen habe.

(nach Zeitschrift für rheinisch-westfälische Volkskunde)

## Der Ring im Fisch

In der Nähe von Bünde wohnte einst die Gräfin zu Nienburg. Diese war unglaublich reich, so reich, dass sie übermütig wurde. In ihrem Übermut zog sie einen Ring vom Finger und warf ihn in den Schlossgraben. Dazu sprach sie die Worte: „So unmöglich es ist, diesen Ring wiederzuerhalten, so unmöglich ist es, dass ich einmal arm werde.“ Aber nur wenige Stunden später kam der Koch zu der Gräfin und brachte ihr den Ring wieder. Er hatte ihn im Bauch eines eben erst gefangenen Fisches gefunden. Nach einem Jahr war die Gräfin so arm geworden, dass sie in einer kleinen Hütte leben und spinnen musste.

(nach Kuhn)

## Die Hexen von Vlotho

Es wird gesagt, der Findling in Vlotho sei ein Hexenstein. Darunter sollen sich Hexen aufgehalten haben. Seltsamerweise hat man diese aber nur in der Silvesternacht ab 23 Uhr gesehen. Dann kamen sie heraus, setzten sich auf ihren Stein und rutschten damit den Berg hinab. Zwar hat es ihnen Spaß gemacht, doch mussten sie den schweren Stein anschließend wieder nach oben schieben. Eile war dabei geboten, damit sie es bis zum Glockenschlag schafften, denn dann mussten sie wieder unter dem Stein verschwinden.

Der Stein ist später für den Bau eines Kriegerdenkmals auf dem Amtshausberg verwendet worden. Die Hexen sind seitdem verschwunden. Vielleicht sind sie gar erlöst worden.

(nach Wolfersdorf)

## Die Raubritter von Vlotho

Früher wurde Vlotho vom Burgberg aus verwaltet. Darum heißt dieser auch Amtshausberg. Hier haben auch die vom Geschlecht Vlotowe gelebt. Dies waren keine edlen Ritter, sondern Fluss- und Straßenräuber, hatten sie doch die Weser und die Straße direkt vor der Tür. Einmal hatten sie ein von Minden kommendes Schiff in ihre Gewalt gebracht und den Kaufmannssohn in ihrem Turm gefangen gehalten. Die Eltern schafften es nicht, das geforderte Lösegeld aufzubringen. Doch der Kaufmannssohn hatte eine listige Braut. Diese war sehr schlank und zog sich darum Knabensachen an. Nun konnte sie als Sänger Zugang zum Schloss bekommen. Da sie so viele Lieder und Geschichten wusste, durfte sie mehrere Tage bleiben. Endlich geschah es, dass der Burgherr mit seinem Gefolge auf die Jagd ging. So konnte die listige Braut den Schlüssel für das Verlies vom Haken nehmen. Der Kaufmann erkannte seine Braut sofort, und gemeinsam flohen sie so schnell es ging von der Burg hinunter zur Weser. Mithilfe eines Fischkahns gelangten sie auch wirklich zurück nach Minden.

(nach Wolfersdorf)

# Kreis Minden-Lübbecke

## Einleitung

Im Zuge der kommunalen Neugliederung wurde der Kreis Minden-Lübbecke am 1. Januar 1973 aus den Kreisen Minden und Lübbecke gebildet. Doch blickte der neugebildete Kreis bereits auf eine jahrhundertelange gemeinsame Geschichte zurück. Das Gebiet ist geprägt von der Weser, die sicherlich ein Grund für die frühe Besiedelung war. Die Lage bei den Gebirgspässen des Weser- und Wiehengebirges hat in der Geschichte der Region aber auch dazu geführt, dass es viele feindliche Einmärsche, Durchmärsche und Auseinandersetzungen gegeben hat. Römer gegen Germanen, Franken unter Karl dem Großen gegen Sachsen sind nur zwei davon. Schon früh, um 800, wurde die Stadt Minden Sitz eines Bistums, was den Beginn eines geistlichen Zentrums mit Münz- und Zollrecht sowie Gerichtsbarkeit markierte. Aber nicht nur die geistliche Schicht, auch das Bürgertum entwickelte sich in den kommenden Jahrhunderten in der aufblühenden Handelsstadt zu einer starken Einheit. So war bereits um 1550 das Bistum Minden zum größten Teil protestantisch.

Ein starker wirtschaftlicher Einschnitt war der Dreißigjährige Krieg, unter dem auch das ganze Minden-Lübbecker Land schwer zu leiden hatte. 1648 fiel das Gebiet nach dem Westfälischen Frieden an das Kurfürstentum Brandenburg. 1719 vereinigte Friedrich Wilhelm II. Minden als Landesteil mit dem benachbarten Ravensberg, es gehörte zum preußischen Staatsverbund. Unter der französischen Besatzung ging der Raum Minden an Frankreich und die Verwaltungseinheit Minden-Ravensberg war Vergangenheit.

Als das Gebiet 1813 wieder unter preußische Herrschaft kam, wurde es in den Kreis Minden und den Kreis Lübbecke geteilt. Für die Bewohner machte die neue Einteilung aber kaum eine Veränderung aus. Neben den wirtschaftlichen Entwicklungen in der Stadt blieb die Landwirtschaft weiter ein wichtiger Erwerbszweig.

## Minden

Der Sachsenherzog Widukind, welcher einst nach langen Kämpfen zum Christentum übergetreten war, soll als erster christlicher Fürst in der Gegend seinen einstigen Widersacher Karl den Großen eingeladen haben. Widukind wollte ihm ein Schloss an der Weser überreichen, damit er daraus den ersten bischöflichen Sitz in der Gegend machen konnte. Karl ernannte Widukind zum neuen Bischof und sprach: „Es soll myn und dyn sein, zu gleichem Rechte." So nannte man den Ort nur noch Myndyn. Bald ist daraus Mynden und dann Minden geworden.

(nach Rölleke)

## Die Dutten im Mindener Wald

Im Mindener Wald wohnte einst ein kleines Volk. Dieses wurde die Dutten genannt. Das kleine Volk war den alten Göttern noch treu ergeben, als in und um Minden herum bereits viele zum neuen christlichen Glauben gefunden hatten. Die Dutten versuchten allerdings, dies vor den mächtigen Nachbarn versteckt zu halten. Heimlich wanderten sie zu ihrem Wallfahrtsteich zwischen Minden und Todtenhausen. Dort opferten sie ihren Göttern und badeten im geweihten Wasser. Da sie aber nur in finsteren Nächten dorthin wanderten, zogen sie von ihrem Wohnhaus aus bis zu dem Teich einen Faden, um sich in finsterer Nacht nicht zu verirren. Ein Nachbar entdeckte diesen Faden, nahm ihn und ließ ihn in einem Sumpf enden. Dort sind dann alle Dutten umgekommen. Seit dem Zeitpunkt wird die Bezeichnung Dutten auch für einen dummen Menschen verwendet.

(nach Dettmer)

## Der Teufel baut eine Scheune

In der Gegend von Minden gab es einen Bauern, der hatte einen Pakt mit dem Teufel geschlossen. Der Teufel sollte ihm eine Scheune bauen, bis der Hahn am anderen Morgenkrähe. Der Teufel tat genau, wie der Bauer es wünschte. Als dieser um Mitternacht von dem gewaltigen Lärmen erwachte, hatte der Teufel bereits so viele Steine und Balken hergebracht, dass die Scheune schon fast fertig war. Das verwunderte den Bauern nun doch sehr und es begann ihm vor seinem Pakt mit dem Teufel zu grauen. Eiligst machte er seine Frau wach und erzählte ihr alles. Sie sollte ihm doch nun schnell einen Rat beschaffen. Diese überlegte einen Moment, eilte dann ihn den

Hühnerstall und machte dort so einen Lärm, dass die Hühner und der Hahn wild durcheinander flogen. Und bald schon begann auch der Hahn vor Aufregung laut zu krähen. Genau in diesem Augenblick war aber der Teufel mit einem enorm großen Quaderstein genau über der Mindener Brücke unterwegs. Als er den Hahnenschrei hörte, warf er den Quaderstein sogleich wütend hinab. Der fiel genau auf das Gebälk der Brücke und zerschmetterte einen Teil davon. So oft man später auch versucht hat, die Brücke zu reparieren, ein Loch ist bis heute geblieben.

(nach Kuhn)

## Spuren im Stein

Bei der Glashütte in Minden gibt es einen Wald, dieser heißt der Geismar-Wald, denn vor dem Dreißigjährigen Krieg hat dort eine Stadt namens Geismar gestanden. Genau daneben gibt es einen Berg, der wird Totenberg genannt. Hier hat einmal eine Schlacht stattgefunden. Der Feldherr dieser Schlacht schien geschlagen. Er zog sich in den Geismarer Wald zurück, nahm auf einem Stein Platz und überlegte, was nun zu tun wäre. Einer seiner Offiziere kam und versuchte ihn zu überreden, die Schlacht nicht aufzugeben, sondern von Neuem anzufangen und dem Feind mutig entgegenzutreten. Es sei doch alles gerettet, wenn er jetzt noch siegen würde. Der Feldherr aber antwortete: „Nein, siegen kann ich genauso wenig, wie dieser Stein, auf dem ich sitze, weich werden kann.“ Mit diesen Worten wollte er sich erheben, um sich der Niederlage zu stellen. Aber sowohl seine Beine wie auch seine Hand, mit der er sich abgestützt hatte, schienen in den (nunmehr weichen) Stein eingedrückt zu sein. Er betrachtete das Wunder und ließ alsbald zur Schlacht blasen. Mit frischer Tapferkeit stellte er sich dem Feind entgegen und griff diesen an. Und tatsächlich siegte er auch. Der Stein steht noch immer dort, auch die Spuren des Feldherrn sind noch darin sichtbar.

(nach Grimm)

## Die Burgfeste Limberg

In alten Zeiten mag die Burg ein Rittersitz gewesen sein, einige Sagen nennen die Besitzer „die edlen Herren tom Lyntberge“. Man erzählt: In der Nähe des am nördlichen Fuße des Limberges liegenden Städtchens Oldendorf lebte einst eine grausame Stiefmutter. Diese ließ ihr armes Pflegekind verhungern. Der tapfere und gestrenge Ritter vom Lyntberge, welcher ein Verwandter des ermordeten Kindes war, erfuhr dies. Daraufhin erzürnte er gegen das gottlose Weib, überwand ihre Mannen, nahm es gefangen und brachte es auf die Lyntburg. Hier bestrafte man die Mörderin nach Gebühr. Sie wurde in ein tiefes, unterirdisches Gewölbe hinabgestoßen, man gab ihr noch ein Stück Brot und einen Korb Wasser und überließ sie dann ihrem Schicksal. Dort kam sie elend um. Ihr Geist aber hat nie Ruhe gefunden und geht noch als Schreckgestalt auf dem Limberg um. Der untere Teil des noch in seinen Trümmern vorhandenen dicken Turms soll der Kerker sein, in welchem das Weib lebendig ihr Grab fand.

(nach Vormbaum 1864)

## Bischof Volmarus und der heilige Gorgonius

Volmarus, der 19. Bischof von Minden, war ein gottloser Mensch und unwürdig des heiligen bischöflichen Amtes. Darum beschloss der heilige Gorgonius, welcher Schutzheiliger der Kirche zu Minden war, den bischöflichen Stuhl des heiligen Hercumbertus von diesem unwürdigen Nachfolger zu befreien. Der Bischof Volmarus wurde in der Nacht Johannisbabtistae anno 1094 ermordet aufgefunden. Der heilige Gorgonius aber erschien in derselben Nacht dem Küster des Doms mit einem blutigen Schwerte. Er deutete ihm an, dies den Conconici zu offenbaren. Zur Beglaubigung des Geschehenen reinigte der Heilige sein Schwert in den Altarlaken, die man dann lange Jahre aufbewahrte. Als man dann die Leiche Bischof Volmarus' auf einem mit Pferden bespannten Wagen nach Minden fahren wollte, waren die Pferde nicht dazu zu bewegen loszugehen. Daraufhin spannte man Ochsen vor den Wagen, diese waren aber ebenfalls nicht von der Stelle zu bringen. Daher hat man sich genötigt gesehen, die Leiche Volmarus am so genannten Schwibbogen zu begraben.

(nach Uhlmann-Bixterheide 1921)

## Der Teufel im Wesertal

Der Teufel quälte die Bewohner des Wesertals, weil er sie zwingen wollte, ihm zu dienen. Im Gebirge gab es unweit von Bergkirchen eine Schlucht. Durch diese Walllücke ergoss die Weser ihr Wasser nach Norden hin. Vor Zorn, dass die Menschen im Wesertal ihm nicht dienen wollten, dämmte der Teufel diese Schlucht. Der Strom im Tal schwoll soweit an, dass er fast bis zur Spitze des Gebirges reichte. Zwar versuchten die Menschen, sich auf die Berge zu retten, doch das Wasser hörte nicht auf anzuschwellen und ihre Not wurde immer größer. Plötzlich kam ein Gewitter mit einem gewaltigen Sturm auf. Ein riesiger Blitz erschien am Himmel und spaltete das Gebirge. Eine Schlucht entstand, und durch diese konnte all das Wasser der

Weser abfließen. So wurden die Tiefen und Täler nach und nach wieder frei. Als der Teufel dies sah, wurde er so von der Wut gepackt, dass er einen ganzen Berg auf seinen Rücken nahm, um diesen in die neue Schlucht zu stopfen und auch diese zu dämmen. Doch diese Masse auf seinem Rücken wurde selbst dem Teufel zu schwer. An der Grenze zum Lippischen Land fiel ihm der Berg herunter. Diese Höhe heißt heute Volmerstod und manch einer behauptet, der Teufel säße darunter und würde von Zeit zu Zeit ordentlich rumoren.

Andere sagen auch, der Teufel hätte sich mühsam wieder freigegraben, es noch ein zweites Mal versucht und den Stein wieder verloren. Aus diesem Stein ist ein weiterer Berg geworden. Dieser liegt heute bei Vlotho und heißt Bonstapel. Die neue Bergschlucht aber ist immer noch da und trägt den schönen Namen Porta Westfalica, westfälische Pforte.

(nach Rölleke)

## Die Entstehung der Porta Westfalica

Die Bewohner des oberen Wesertals wurden einst vom Teufel gequält, weil sie ihm dienen sollten. Er versuchte, sie mit Angst und Not zu zwingen, denn sie wollten nicht. Die Wallücke, eine Schlucht im Gebirge bei Bergkirchen, dämmte er aus diesem Grund mit großen Felsstücken, die er zuvor herbeischleppte. So kam das Wasser der Weser nicht mehr hindurch und der Strom im Tal schwoll so weit an, dass er fast bis zur Krone des Gebirges reichte. Um sich vor den Wassermassen zu retten, mussten die Bewohner ihre Siedlungen verlassen und immer höher den Berg emporklettern.

Statt sich dem Teufel zu ergeben, beteten die Menschen inbrünstig zu Gott, damit er sie vor der Gewalt des Bösen schütze. Und das Gebet der angstvollen Menschen wurde erhört. Gott ließ so ein furchtbares Unwetter kommen, dass man schon glaubte, die Erde würde untergehen. Die Blitze spalteten schließlich das Gebirge und bildeten eine Schlucht, durch diese konnte das ganze Wasser abfließen und die Täler und Tiefen wurden nach und nach wieder frei. So entstand die Westfälische Pforte. Wie der Teufel sah, was geschehen war, wurde er so wütend, dass er mit seinen großen Klauen einen ganzen Berg packte und ihn auf den Rücken nahm, damit wollte er die Schlucht wieder zustopfen. Doch diese Last wurde ihm unterwegs zu schwer, an der Grenze des Lipper Landes fiel er damit zu Boden und wurde selbst darunter begraben. Darum heißt dieser Berg Völmerstod. Noch heute soll der Teufel darunter sitzen und manchmal ganz gewaltig rumoren. Aber die Menschen im Wesertal fürchten ihn nicht mehr und haben durch den Engpass sogar eine Eisenbahn gebaut.

(nach Uhlmann-Bixterheide 1921)

*Die Porta Westfalica mit Blick zum Kaiser-Wilhelm-Denkmal.*

# Wekings Babilonie

Oberhalb des Dorfes Mehne liegt zwischen Lübbecke und Holzhausen ein Hügel, der Babilonie genannt wird. Hier hatte der König Weking einst eine mächtige Burg, die aber heute versunken ist. Doch der alte König, so sagt man, sitze noch immer im Berg in seiner Burg und warte, bis seine Zeit gekommen ist. Außen an dem Berg soll sich eine Tür befinden, die genau in den Palast hineinführt. Doch diese Tür ist mit einem Zauber belegt und es geschieht nur äußerst selten, dass man sie auch von außen erblicken kann.

Aber vor etwa hundert Jahren hat ein Schäfer aus Hille seine Herde an den Mehner Bergen weiden lassen. Dabei sah er direkt am Fuße der Babilonie drei andersartige, lilienähnliche Blumen wachsen und pflückte diese ab. Doch bereits am nächsten Morgen standen an genau derselben Stelle wieder drei dieser fremdartigen Lilien. Und wieder pflückte er sie. So geschah es drei Tage. Am dritten Tage aber, als er mit seinen Blumen in der Mittagssonne lag, da erschien ihm plötzlich eine hübsche Jungfer und machte ihn auf einen Eingang am Fuß des Berges aufmerksam, der mit einem Eisentor verschlossen war. Sie wies ihn an, mit den Blumen das Schloss zu berühren. Und als er dies tat, sprang das Tor auf und er betrat einen dunklen Gang, an dessen Ende ein Licht schimmerte. Der Schäfer folgte der Jungfrau durch den Gang und gelangte in einen erleuchteten Raum. Dieser war voll mit Gold, Silber und anderlei glitzernden Dingen. Ein schwarzer Hund sah den Schäfer und knurrte ihn an, als dieser aber die Blumen zeigte, wurde der Hund wieder still. An einem Tisch im Raum saß ein alter Mann, das war der König Weking. Die Jungfer sprach nun zu dem Schäfer: „Nimm dir nur, was dir gefällt, aber vergiss das Beste nicht." Da legte er die Blumen auf den Tisch und griff sich alles, was er tragen konnte und was ihm als das Beste erschien. Dann packte ihn die Furcht angesichts des gruseligen Gewölbes und er ergriff die Flucht. Während er durch den langen dunklen Gang eilte, rief die Jungfer ihm noch nach: „Vergiss nur das Beste nicht." Er blickte sich kurz um, dachte aber, das Beste erhascht zu haben. Sobald er durch das Eisentor nach draußen trat, fiel es krachend hinter ihm ins Schloss – erst da wurde ihm klar, was wohl das Beste gewesen sein mochte. Es waren die Blumen, die er auf dem Tisch hatte liegen lassen und die ihm doch den Eintritt in den Berg verschafft hatten. Das Tor aber war mit einer solchen Gewalt zugeschlagen, dass es ihn am Fuß berührt hatte und ihm die Ferse abgeschlagen war. Der Schäfer hat bis zu seinem Tod mit all den Schätzen in Wohlstand gelebt. Das Tor aber hat er nie wieder erblickt und auch seine Ferse ist nie wieder heil geworden. Zeitlebens hat man ihn nie anders als mit einem niedergetretenen Schuh an dem einen Fuße erblickt. Seine Erben sollen den Aswen-Hof in Hille besitzen. Er selbst liegt unter einem Stein im Chor der Hiller Kirche begraben.

(nach Redeker)

## Der Schatz im Jakobsberg

Direkt an der Weser steht der Jakobsberg. Hier lebte einmal ein Riese, dessen Name Jakob war. Der hatte eine Freundin namens Margarethe auf dem gegenüberliegenden Wittekindsberg. Nach ihr ist auch die Margarethenklus benannt. Zum Backen ihres Brotes benutzten sie den Backtrog vom Wittekindsberg. An einem Morgen wurde Margarethe von einer Mücke gestochen und schlug nach dem Tier. Das dröhnte so sehr, dass Jakob erwachte und schon glaubte, seine Freundin würde ohne ihn backen. Schnell stand er auf, überquerte die Weser und war in drei Schritten bei seiner Freundin, die immer noch schlief. Da kehrte er schnell wieder auf seinen Berg zurück. Auf ihm lebte er wie ein Einsiedler, mit Menschen wollte er nichts zu tun haben. Sein Grab ist bei dem Kreuzweg zu finden und in der Gruft soll er einen großen Schatz bewachen.

Einmal wollten zwei Männer aus Lerbeck diesen Schatz finden. Als es dunkel war, fingen sie an zu graben und sprachen dabei kein Wort. Und tatsächlich wurde nach mehreren Stunden mühseligen Grabens ihre Arbeit belohnt. Aus der Tiefe leuchtete rote Feuersglut und ein Kessel mit Gold war sichtbar. Da watschelte dem einen Goldgräber eine Gans vor die Füße und sprach: „Was für eine schlechte Hacke." Doch dieser wusste, dass er nicht sprechen durfte und arbeitete einfach weiter, ohne die Gans zu beachten. Dann kam dem anderen ein Schwein vor die Füße gelaufen, welches sprach: „Was für eine stumpfe Schute!" „Du dummes Schwein, stör' mich doch nicht bei der Arbeit!", rief dieser zornig. In dem Moment machte es „Kling" und der Goldschatz sank noch einmal so tief in die Erde. Da war der Mut der beiden Lerbecker Goldgräber für immer dahin.

(nach Lerbeck)

## Die verwünschte Prinzessin

Einst haben auf beiden Höhen prächtige Schlösser gestanden. In einem der Schlösser lebte ein reicher König mit seinen Töchtern. In dem anderen Schloss lebte eine Fee. Zunächst hielt sie mit dem König gute Nachbarschaft und man besuchte sich auch häufig. Dann aber wurde sie neidisch auf eine der Königstöchter, die zu einer bildschönen Jungfrau heranwuchs. Die Fee war bald so neidisch und voller Wut, dass sie den König samt Töchtern und Schloss verwünschte. So versank das prunkvolle Schloss samt seinen Bewohnern in dem Hügel tief unter der Erde. Alle starben bald darauf, nur die Königstochter lebte weiter in ihrem unterirdischen Schloss. Alle einhundert Jahre war es ihr möglich, das Schloss zu verlassen, auf die Erde zu kommen und um ihre Erlösung zu bitten. Sie hat aber bis heute keinen Erlöser finden können.

Als wieder einmal hundert Jahre um waren, ging zufällig ein Bauer bei Mitternacht den Weg von Lerbeck nach Lohfeld. Und da sah er tatsächlich eine weiße Gestalt auf sich zukommen. Erst wollte er vor Schreck weglaufen, doch dann ging er mutig auf die weiße Gestalt zu. Innigst bat sie ihn, er möge sie doch erlösen. Er brauche auch nicht viel dazu tun. Er müsse nur in der dritten Nacht zum Levernsiektal kommen und zu allem schweigen, was auch geschehen möge und was er auch gefragt würde. Er wusste nicht, was er sagen sollte und war von der Schönheit der Jungfrau geblendet. Darum signalisierte er nur durch ein Kopfnicken seine Zustimmung. Sie versicherte ihm, ihn dann auch an ihren Gütern zu beteiligen. Im Vorfeld versprach sie ihm drei Ballen Leinen, die am Kreuzwege lägen. Doch der Bauer hatte bei Tage nicht mehr den Mut, ihre Erlösung zu wagen. Die arme Prinzessin hielt ihr Versprechen, denn das Leinen wurde gefunden. Und sicher wäre der Bauer ein reicher Mann geworden, wenn er sein Versprechen gehalten hätte.

Nach dem Versinken des Schlosses war die böse Fee auch spurlos verschwunden. Es mag sein, dass sie ein Gott geholt hat, weil sie so etwas Böses angerichtet hatte. Von beiden Schlössern sieht man heute nichts mehr, einzig die Türme sind noch da. Und die Prinzessin soll bis heute keine Ruhe gefunden haben.

(nach Lerbeck)

## Die drei Tauben

Einst hat es in Hartum eine große Feuersbrunst gegeben. Rund um den Kirchhof standen alle Höfe in Flammen. Die Hitze, welche sich dabei entwickelte, war so groß, dass alle Ziegel auf dem Kirchdach sprangen. Auch der Kirchturm bekam einen Riss. Da sah man aber plötzlich drei weiße Tauben. Diese umkreisten während des gesamten Brandes immerzu den Kirchturm. Und so sind zwar ringsumher alle Gebäude abgebrannt, die Kirche aber blieb fast unversehrt stehen.

(nach Redeker)

## Die Muldenscherbe

Zwischen Petershagen und Windheim lag einst ein Schäfer abends an der Weser und schaute träumend dem Fluss in seinem Lauf zu. Seine Schafe ruhten friedlich im Gras, und es begann dunkel zu werden. Auch die ersten Sterne zeigten sich am Himmel. Plötzlich schien das Wasser der Weser sich von unten her zu bewegen. Der

Schäfer schaute genauer und sah, wie sich das Wasser mit einer Welle teilte und ein hübsches Fräulein zum Vorschein kam. Es stand in einer Scherbe, die ihm als Schifflein diente. Es bewegte sich damit sicher zum Ufer hin, legte dort an, betrat das Land und machte sich in Richtung des Dorfes auf. Dem Schäfer schenkte das kleine Fräulein dabei keinen einzigen Blick. Er aber war neugierig und ging zu der Stelle ans Ufer, wo es angelegt hatte und besah sich das Schifflein. Da ihm das seltsame Fräulein so gut gefiel, band er das Schifflein los und versteckte es im Gebüsch. Als das Fräulein nach einiger Zeit wiederkam und sah, dass das Schifflein verschwunden war, fing es an zu weinen und klagte jämmerlich sein Leid: „Radderaddererat min Mollenschaart! Ek mot no van Dage in England Brut stahn un bin noch hier!"

Der Schäfer wunderte sich, wie sie es schaffen wollte, noch in derselben Nacht zur Heirat nach England zu kommen. Da das Fräulein aber allzu sehr weinte, tat es ihm leid und er kam zu ihm und gab das Schifflein zurück. Es dankte ihm mit großer Freude und versprach: „Komm morgen wieder her, zur selben Zeit und du wirst deinen Lohn hier finden." Dann verschwand es schnell wie der Wind, zunächst über dem Wasser, glitt aber schon bald hinab in die Tiefe.

Der Schäfer tat wie ihm aufgetragen und fand sich am kommenden Abend an der gleichen Stelle wieder ein. Und tatsächlich lagen da zwei ganze Stücke Leinwand. Diese waren weiß wie Schnee und feiner gewebt als alles, was er bisher gesehen hatte. Er schenkte es freudig seiner Braut und erst diese erkannte das wahre Wunder des Leinens: Soviel Hemden und Tücher sie auch daraus schnitt, es wurde doch nie weniger. So hatten sie ihr ganzes Leben genug Leinen für sich selbst und die Kinder, die bald folgten.

(nach Luhmann)

## Die Unterirdischen

Auf einem Hof zwischen Bergkirchen und Volmerdingsen starb dem Meier einst ein Pferd nach dem anderen. Er konnte sich nicht erklären, wie das zuging. Eines Abends, als er im Dunkeln auf dem großen Hausflur saß, geschah es, dass er ein leises Flüstern hörte. Er schaute nach und sah einen kleinen Lichtschein unter einer an die Wand gelehnten Wanne. Dann erblickte er vier Unterirdische darunter. Sie kneteten den heute erst gesäuerten Teig und sagten einander die Worte: „Knete zu! Knete zu!" Erst erschraken die Unterirdischen, dann aber sprachen sie zu dem Meier: „Wenn du uns schon gesehen hast, dann wollen wir dir auch sagen, warum deine Pferde sterben. Unsere Wohnung ist genau unter dem Stall, wir aber können die Tiere nicht leiden. Gib ihnen nur einen anderen Stall und sie werden alle am Leben bleiben." Mit diesen Worten waren die Unterirdischen mitsamt dem Sauerteig verschwunden. Der Meier tat, wie die Unterirdischen gesagt hatten und stallte seine Pferde um. Nun starb keines mehr und für den Teig haben die Unterirdischen ihm dann auch noch ein kleines Geschenk hingelegt.

(nach Redeker)

## Der Farnsamen

In dem Ort Bergkirchen im Wiehengebirge ist es einmal einem Mann sehr wunderlich ergangen. Früher glaubte man, dass in der Mittsommernacht so einige wunderliche Dinge geschehen sollen. Und genau in dieser Nacht musste ein Mann sich auf die Suche nach seinem Fohlen machen. Dabei überquerte er auch eine Wiese mit Farnsamen. Ohne es zu bemerken, fiel ihm ein wenig davon in seine Schuhe. Erst in den Morgenstunden kam er wieder nach Hause und setzte sich müde am Herdfeuer nieder. Doch es kam ihm gar seltsam vor, dass weder seine Frau noch seine Kinder von ihm Notiz nahmen. Auch nach dem verlorenen Fohlen fragte keiner, obwohl doch gestern am Abend noch alle in großer Sorge darum gewesen waren. Da wandte sich der Mann nun selbst an seine Familie: „Die ganze Nacht war ich unterwegs und habe gesucht, aber das Fohlen nun doch nicht gefunden."

Da erschraken alle in der Stube und fuhren herum. Es war nämlich so, dass sie ihn wohl hören, aber nicht sehen konnten. Die Frau glaubte bald an einen Scherz und dachte, der Mann hätte sich in der Stube verborgen. Dieser aber stand mitten unter ihnen und fragte sie: „Was redest denn du? Ich stehe doch genau neben dir."

Als sie dies nun hörten, erschraken die Frau und die Kinder noch mehr. Da begann es dem Manne vor sich selbst zu grauen und er befürchtete den Verlust seiner menschlichen Gestalt. Doch da fiel ihm seine nächtliche Wanderung über die Wiese mit Farnsamen wieder ein. Eiligst zog er seine Schuhe aus und schüttelte alle Samen aus ihnen heraus. Und nachdem alle Samen aus den Schuhen verschwunden waren, hatte er auch seine menschliche Gestalt wieder erlangt.

(nach Luhmann)

# Der goldene Hund

In Bad Oeynhausen lebte vor vielen Jahren ein Schuster. Neben ihm wohnte in einer Art Kammer ein alter Mann, der zu alt war zum Arbeiten und auch nicht genug zum Leben hatte. Das wenige, das er brauchte, versuchte er durch Betteln für sich und seine Frau zu bekommen. Doch der alte Mann ertrug sein hartes Schicksal, ohne zu murren und gab sich mit dem wenigen zufrieden, dass er bekam.

Eines Nachts träumte der Schuster von einem Sack voll Gold, der sich im Wald befände und nur ausgegraben werden müsste. Da er aber nicht recht an seinen eigenen Traum glaubte, überredete er seinen Nachbarn, den alten Mann, doch im Wald einmal nach dem Schatz zu suchen. Der Alte aber antwortete nur: „Was mir mein Herr hat zugedacht, das wird mir auch ins Haus gebracht."

Der Schuster lachte nur darüber und konnte selbst den Schatz nicht mehr vergessen. In der dritten Nacht hielt er es nicht mehr aus. Aber statt eines Sacks mit Gold fand er im Wald nur einen schwarzen Hund, der erbärmlich winselte. Der Schuster ärgerte sich über sich selbst und über seinen Nachbarn, der in seinem Bett lag, während er selbst bei Wind und Regen in der Nacht im Wald hockte. Wütend schleppte er das Tier nach Hause und warf es dem Alten in die Kammer. Er hoffte, dass dieser wohl arg viel Ärger mit dem armen Tier haben würde. Doch die Alten hatten sogleich Erbarmen mit dem armen Tier, dass noch größere Not zu leiden schien als sie selber. Sie gaben ihm ihre letzte Schale Milch und ihre letzte Kruste Brot, was eigentlich für sie selber am nächsten Tag reichen sollte. Dann legten sie das arme Tier auf Stroh, bevor sie sich selber wieder schlafen legten. Am nächsten Morgen schauten sie gleich wieder nach dem armen Tier, da lag aber auf dem Stroh kein Hund mehr, sondern ein Sack voller Gold. Schnell eilten sie zu dem Schuster in seine Stube und liehen sich von ihm ein Maß, in das sie all das Gold hineinfüllten. Der Schuster aber wurde rot vor Zorn und vor Entsetzen bleich wie der Tod, dass er nun ein zweites Mal genarrt worden war. Schnell strich er etwas Pech in das Maß, und als er es wieder zurückerhielt, hingen wirklich noch ein paar Goldmünzen am Boden fest. Aber das wenige war nichts gegen den Reichtum, der den beiden Alten beschert worden war.

(nach Luhmann)

# Kreis Höxter

## Einleitung

Am 1. Januar 1975 entstand durch die Zusammenlegung des Altkreises Höxter mit dem Kreis Warburg der Kreis Höxter. Dieser deckt sich weitgehend mit dem Oberwaldischen Distrikt des Hochstifts Paderborn und dem ehemaligen Hochstift Corvey.

Ursprünglich lag die Stadt Höxter nicht an ihrer jetzigen Stelle. Tatsächlich ist es die dritte Stelle, welche sich die Einwohner aussuchten. Früher lag Höxter weiter hinab nach Corvey, dort wurde es aber zerstört. Eine Sau wühlte an dieser Stelle einst eine Glocke aus. Die Glocke heißt Cantebo und ging in den Besitz Corveys über, wo sie sich immer noch befindet.

Auch das Kloster Corvey soll erst woanders gestanden haben. Ursprünglich stand es bei Neuhaus in Sollingen. Da aber das Wasser dort schlecht war, machte man sich auf und baute das Kloster an seiner jetzigen Stelle auf. In alter Zeit sprudelte an einem bestimmten Tage aus einem Stein, der noch im Kloster zu sehen ist, Wein hervor. Dies geschieht jetzt aber nicht mehr, nur das Erdreich um den Stein wird etwas feucht, wenn die Prozession an diesem Tage dorthin zieht.

(nach Kuhn/Schwartz 1848)

Höxter war eine wichtige Station des Hellwegs, der hier die Weser überquerte. Bereits 822 wurde hier eine Siedlung Huxori urkundlich genannt. Zwei Kilometer von Höxter entfernt liegt Corvey. Karl der Große ließ im Zuge seiner Sachsenmissionierung viele Männer in fränkischen Klöstern ausbilden. Einer seiner Vettern diente ihm dabei als Ratgeber, er war Abt im Kloster Corbie an der Somme. Auch dessen Bruder Wala lebte dort als Mönch. Nach der Christianisierung lag der Gedanke nahe, auch in Sachsen ein Kloster zu errichten. Nach einigen Unruhen setzte dann Kaiser Ludwig der Fromme den Plan um. Zunächst ließ man im nahe gelegenen Neuhaus bei Sollingen ein Kloster errichten, die villa regla Hethis. Doch der Standort erwies sich als ungünstig und bereits acht Jahre später, 823, siedelte man in die Nähe von Höxter um und nannte das Kloster nova Corbeia. Genau genommen war Corvey ein Stift mit einem adeligen Konvent, also weitaus mehr als ein Kloster, führte aber generell die Bezeichnung Kloster. 826 wurde es zur Reichsabtei erhoben und gegen Ende des 12. Jahrhunderts zur Fürstabtei.

Das Verhältnis zwischen Höxter und dem Kloster Corvey war über viele Jahrhunderte sehr schwierig. Zunächst wurde der Ort dem Kloster übereignet, konnte sich aber im 12. Jahrhundert von der klösterlichen Herrschaft lösen. Auf den Besitzungen des Klosters entstanden schnell kleine Siedlungen, die Höxter wie einen Ring umgaben. Der Ort konnte aber durch seinen Markt, eine Fernhändlersiedlung und das 1235 erlangte Stadtrecht seine führende Position behaupten. Die Lage spannte sich weiter an, als der Corveyer Abt der Klostersiedlung wenig später ebenfalls Stadtrechte verlieh. Die Bürger Höxters wandten sich an den Bischof von Paderborn, dem die Unabhängigkeit des Corveyer Klosters sowieso ein Ärgernis war, und bauten mit dessen Unterstützung eine Stadtmauer rund um Höxter. Diese Mauer schnitt den Zufahrtsweg nach Corvey ab und die Klostersiedlung konnte sich nicht weiter entwickeln. 1265 wurde sie zudem von einfallenden Paderbornern zerstört. Zu einer weiteren Verschärfung des Konflikts zwischen Höxter und dem Kloster Corvey kam es mit der Reformation, die 1533 in Höxter Einzug hielt. Höxter gelang es, sich gegen das Kloster zu behaupten und konnte sich weiter entwickeln. Die mittelalterliche Stadtstruktur ist noch heute erkennbar, zudem gibt es viele alte Fachwerkbauten. Allerdings hat sich Höxter nicht weit über den alten Stadtkern hinaus ausgedehnt, dies mag daran liegen, dass viele umliegende Gebiete früher dem Kloster gehörten. Die Corvey'schen Klostersiedlungen verödeten ganz und werden heute archäologisch untersucht.

Bei den archäologischen Untersuchungen in Corvey fand man 1995 die Reste einer Kirchenglocke aus dem 11. Jahrhundert, die Cantabona – zu deutsch die Wohltönende. Neben der Abteikirche Corvey wurde 2006 ein Nachguss dieser Glocke aufgehängt. Hier scheint die Sage der Realität etwas vorgegriffen zu haben, allerdings kam den Kirchenglocken stets eine besondere Bedeutung zu, denn sie regelten den Tagesablauf der Menschen, kündigten die Gebetszeiten an, verkündeten den Feiertag und warnten vor Feuer, feindlichen Angriffen usw. Bereits in frühen Überlieferungen Corveys wird von der wohlklingenden Glocke berichtet. Bei der Glocke in der Sage, die ausgerechnet von einer Sau gefunden worden sein soll, scheint es sich allerdings nicht um die berühmte Cantabona gehandelt zu haben. Vielleicht war da ein nicht sehr beliebter Mensch auf der Suche nach der Glocke, deren Reste aber tatsächlich auf dem Vorhof des klösterlichen Westwerks entdeckt wurden.

Anfang des 18. Jahrhunderts ließ der Abt Maximilian von Horrich eine zwei Kilometer lange Allee anlegen, die Höxter mit dem Kloster Corvey verbindet. Im selben Jahrhundert wurde Corvey in ein Fürstbistum umgewandelt und damit die bürgerlichen Rechte Höxters eingeschränkt. Nach der Säkularisierung 1803 baute Landgraf

Viktor Amadeus von Hessen-Rothenburg das Kloster in ein Schloss um. Im Nordflügel ließ er eine stattliche Bibliothek mit über 80.000 Büchern einrichten. Bereits im Mittelalter verfügte Corvey über eine der bedeutendsten Bibliotheken Deutschlands. Eine Zeit lang arbeitete und lebte Heinrich August Hoffmann von Fallersleben, der Dichter des Deutschlandliedes, in Corvey. Er starb hier 1874 und liegt südlich der Abteikirche begraben. Seit 1840 befindet sich das ehemalige Benediktinerkloster in Privatbesitz des Fürstenhauses Ratibor und Corvey.

Höxter konnte sich stets gegen das Kloster beziehungsweise die Klostersiedlung durchsetzen und lange seine Unabhängigkeit bewahren. Das Kloster verlor damit jedoch nicht an Bedeutung. In einer aufregenden Geschichte von Höhen und Tiefen wurde Corvey eine der wichtigsten Klosterstätten Nordeuropas und ein Zentrum der fortschreitenden Christianisierung, dessen Ansehen bereits schnell nach seiner Gründung wuchs.

Das Kloster Corvey bekam 836 die Reliquien des heiligen Vitus geschenkt und wurde in den kommenden Jahrzehnten ein Zentrum des Vituskultes. Noch heute wird die Ankunft der Reliquien des heiligen Vitus in Corvey jährlich am zweiten Juniwochenende mit einer Prozession gefeiert. Auf diesen Vitustag bezieht sich wohl auch die in der Sage erwähnte Prozession. Während des Dreißigjährigen Krieges wurde der silberne Reliquienschrein aus dem Kloster gestohlen und ist seitdem verschwunden. Der um 1600 entstandene und nur für die Prozession gedachte zweite Reliquienschrein blieb aber erhalten und befindet sich noch heute in Corvey, nur kann er aufgrund seines schlechten Zustands nicht mehr bei der Prozession mitgeführt werden.

Bereits aus dem 11. Jahrhundert lassen sich in den Annalen des Klosters Berichte von sagenhaften Ereignissen am Festtage des Heiligen finden. Der Wein sprudelnde Quell oder Stein, der sich hinter dem Altar in der Kirche befunden haben soll, ist ein Überbleibsel dieser Geschichten. Der Stein versiegte übrigens, weil die Leute sich im Übermaß daran bedienten und ungenügsam wurden – so sagt man. Diese Anekdote basiert wohl auf einer häufiger zu findenden Kritik, den Mönchen und Äbten Corveys wären im Laufe der Geschichte klösterliche Besitzstände und persönliches Wohlergehen wichtiger geworden als Ordensdisziplin und Nächstenliebe.

## Die fünf Kreuze

Vor dem Klaustor in Höxter, welches nach Pyrmont führt, gleich linker Hand, stehen an dem Wege fünf alte Steine, welche die fünf Kreuze heißen, vermutlich weil es versunkene Kreuze sind. Nun geht die Sage, es seien fünf Hünen dabei erschlagen worden: nach andern fünf Grafen von Reischach. Wieder nach andern Sagen sind hier im Dreißigjährigen Krieg fünf Bürger von Tilly aufgehängt worden.

(nach Grimm 1865)

## Zu Kloster Corvey

Es hat dieses Kloster von Gott, unter anderem, diese sonderbare Gnade gehabt, daß, so oft als einer von den Brüdern sterben sollen, er, drei Tage zuvor, ehe dann er verschieden, eine Verwarnung bekommen, vermittelst einer Lilie an einem ehrnen Kranze, der im Chor hing; denn diese Lilie kam immer wunderbarlich herab und erschien in dem Stuhle desjenigen Bruders, dessen Lebensende nahte, also, daß derselbe dabei unfehlbar merkte, er würde in dreien Tagen von der Welt scheiden. Dies Wunder soll etliche hundert Jahre gewährt haben, bis ein junger Ordensbruder, nachdem er dadurch gleichfalls an sein Sterbestündlein ist erinnert worden, solche Erinnerung verachtete und die Lilie in eines alten Religiosen Stuhl versetzet hat, der Meinung, es würde das Sterben dem Alten besser anstehen, als dem Jungen. Wie der gute alte Bruder die Lilie hat erblickt, ist er darüber so hart erschrocken, daß er in eine Krankheit, doch gleichwohl nicht ins Grab, gefallen, sondern bald wieder gesund, hingegen der junge Warnungs-Verächter am dritten Tage durch einen jählingen Tod dahin gerissen worden.

(nach Büsching 1812)

## Der Hirsch im Kloster Corvey

Wieder einmal wurde das Land von einer schweren Fehde heimgesucht und Hunger und Not war Allerortens zuhause. Auch das Kloster Corvey, das schon so manche Brandschatzung und Plünderung zu erleiden hatte, war davon betroffen. Doch die Mönche ertrugen das Leid in frommer Ergebung und dienten Gott in Gebet und Arbeit. So näherte sich der 15. Juni, der Tag des heiligen Vitus. Dieser Tag wurde traditionsbedingt immer festlich begangen. Nach dem Festgottesdienst gab es im Refektorium immer ein erlesenes Mahl, doch an diesem Tag waren Stall, Keller und

Vorratsschränke leer. Da sprach der Abt: „Meine lieben Brüder, heute wollen wir in Demut zu Ehren unseres heiligen Vitus das klare Wasser der Quelle trinken und unser trockenes Brot hineintauchen."

Im selben Augenblick sprang ein weißer Hirsch zur Tür herein, stellte sich vor dem Bruder Koch auf, um sich schlachten und braten zu lassen. Auf diese Weise kam es dann doch noch zu einem festlichen Mahl. Auch als wieder bessere Zeiten einkehrten, stellte sich jedes Jahr am Vitustag ein weißer Hirsch ein, sprang durch das Tor, das noch später die Hirschpforte genannt wurde, und begab sich selbst in die Küche. Der Abt aber sprach: „Liebe Brüder, da Gott die Not von unserem Kloster genommen hat, wollen wir zum Dank dafür den weißen Hirsch des Vitustages unter den Armen aufteilen." So geschah es viele Jahre lang bis zum Tod des mildtätigen und gütigen Abtes.

Sein Nachfolger besaß die Gabe der Demut nicht im gleichen Maße. Er befahl, die Armen am Vitustag reichlich zu speisen, doch der weiße Hirsch gehöre als Festbraten auf die Klostertafel. Als die Mönche das Refektorium betraten, prankte der Hirsch auf geschmückter Tafel. Nach dem Gebet ließen sich alle nieder und der Abt zückte sein Messer, um das erste Stück Fleisch abzuschneiden. Doch da erhob sich plötzlich der Hirsch, sprang vom Tisch, umkreiste ihn dreimal und verschwand durch die Tür – zum Entsetzen aller Brüder ohne Kopf, denn der war ja als mindere Speise an die Armen verteilt worden. Seit diesem Tag wurde in Corvey kein weißer Hirsch mehr gesehen.

(nach Pöhler 1986)

## Der Köterberg

Der Köterberg (an der Grenze des Paderbornschen, Lippeschen und Korveischen) war sonst der Götzenberg genannt, weil die Götter der Heiden da angebetet wurden. Er ist innen voll Gold und Schätze, die einen armen Mann wohl reich machen könnten, wenn er dazu gelangte. Auf der nördlichen Seite sind Höhlen, da fand einmal ein Schäfer den Eingang und die Türe zu den Schätzen, aber wie er eingehen wollte, in demselben Augenblick kam ein ganz blutiger, entsetzlicher Mann übers Feld dahergelaufen und erschreckte und verscheuchte ihn.

Südlich auf einem waldbewachsenen Hügel am Fuße des Berges stand die Harzburg, wovon die Mauern noch zu sehen und noch vor kurzem Schlüssel gefunden sind. Darin wohnten Hünen, und gegenüber, auf dem zwei Stunden fernen Zierenberg, stand eine andere Hünenburg! Da warfen die Riesen sich oft Hämmer herüber und hinüber.

(nach Grimm 1865)

# Die Springwurzel

Vorzeiten hütete ein Schäfersmann friedlich auf dem Köterberg, da stand, als er sich einmal umwendete, ein prächtiges Königsfräulein vor ihm und sprach: „Nimm die Springwurzel und folge mir nach." Die Springwurzel erhält man dadurch, daß man einem Grünspecht (Elster oder Wiedehopf) sein Nest mit einem Holz zukeilt; der Vogel, wie er das bemerkt, fliegt alsbald fort und weiß die wunderbare Wurzel zu finden, die ein Mensch noch immer vergeblich gesucht hat. Er bringt sie im Schnabel und will sein Nest damit wieder öffnen; denn hält er sie vor den Holzkeil, so springt er heraus, wie vom stärksten Schlag getrieben. Hat man sich versteckt und macht nun, wie er herankommt, einen großen Lärm, so läßt er sie erschreckt fallen (man kann aber auch nur ein weißes oder rotes Tuch unter das Nest breiten, so wirft er sie darauf, sobald er sie gebraucht hat).

Eine solche Springwurzel besaß der Hirt, ließ nun seine Tiere herumtreiben und folgte dem Fräulein. Sie führte ihn bei einer Höhle in den Berg hinein. Kamen sie zu einer Türe oder einem verschlossenen Gang, so mußte er seine Wurzel vorhalten, und alsbald sprang sie krachend auf. Sie gingen immer fort, bis sie etwa in die Mitte des Bergs gelangten, da saßen noch zwei Jungfrauen und spannen emsig; der Böse war auch da, aber ohne Macht und unten an dem Tisch, vor dem die beiden saßen, festgebunden. Ringsum waren in Körben Gold und leuchtende Edelsteine aufgehäuft, und die Königstochter sprach zu dem Schäfer, der da stand und die Schätze anlusterte: „Nimm dir, soviel du willst."

Ohne Zaudern griff er hinein und füllte seine Taschen, soviel sie halten konnten, und wie er, also reich beladen, wieder hinaus wollte, sprach sie: „Aber vergiß das Beste nicht!" Er meinte nicht anders, als das wären die Schätze, und glaubte sich gar wohl versorgt zu haben, aber es war das Springwort. [Der erzählende Schäfer brauchte ganz gleichbedeutend die Springwurzel und das Springwort, wie im Gefühl der alten Verwandtschaft beider Ausdrücke, Anm. d.V.]

Wie er nun hinaustrat, ohne die Wurzel, die er auf den Tisch gelegt, schlug das Tor mit Schallen hinter ihm zu, hart an die Ferse, doch ohne weiteren Schaden, wiewohl er leicht sein Leben hätte einbüßen können. Die großen Reichtümer brachte er glücklich nach Haus, aber den Eingang konnte er nicht wiederfinden.

(nach Grimm 1865)

# Das Fräulein von Willberg

Ein Mann aus Wehren bei Höxter ging nach der Amelungsmühle, Korn zu mahlen; auf dem Rückweg wollt er sich ein wenig am Teich im Lau ausruhen. Da kam ein Fräulein von dem Willberg, welcher Godelheim gegenüberliegt, herab, trat zu ihm und sprach: „Bringt mir zwei Eimer voll Wasser oben auf die Stolle [Spitze] vom Willberg, dann sollt Ihr gute Belohnung haben."

Er trug ihr das Wasser hinauf; oben aber sprach sie: „Morgen um diese Stunde kommt wieder und bringt den Busch Blumen mit, welchen der Schäfer vom Osterberge auf seinem Hut trägt, aber seht zu, daß Ihr sie mit Güte nur von ihm erlanget."

Der Mann forderte den andern Tag die Blumen von dem Osterbergsschäfer und erhielt sie, doch erst nach vielem Bitten. Darauf ging er wieder zu der Stolle des Willbergs, da stand das Fräulein, führte ihn zu einer eisernen Türe und sprach: „Halte den Blumenbusch vors Schloß." Wie er das tat, sprang die Türe gleich auf, und sie traten hinein; da saß in der Berghöhle ein klein Männlein vor dem Tisch, dessen Bart ganz durch den steinernen Tisch gewachsen war, ringsherum aber standen große, übermächtige Schätze. Der Schäfer legte vor Freude seinen Blumenbusch auf den Tisch und fing an, sich die Taschen mit Gold zu füllen. Das Fräulein aber sprach zu ihm: „Vergeßt das Beste nicht!" Der Mann sah sich um und glaubte, damit wäre ein großer Kronleuchter gemeint, wie er aber darnach griff, kam unter dem Tisch eine Hand hervor und schlug ihm ins Angesicht. Das Fräulein sprach nochmals: „Vergeßt das Beste nicht!" Er hatte aber nichts als die Schätze im Sinn, und an den Blumenbusch dachte er gar nicht. Als er seine Taschen gefüllt hatte, wollte er wieder fort, kaum aber war er zur Tür hinaus, so schlug sie mit entsetzlichem Krachen zu. Nun wollt er seine Schätze ausladen, aber er hatte nichts als Papier in der Tasche; da fiel ihm der Blumenbusch ein, und nun sah er, daß dieser das Beste gewesen, und ging traurig den Berg hinunter nach Haus.

(nach Grimm 1816)

## Die Nußkerne

Zwei junge Burschen, der Peter und Knipping zu Wehren im Korveischen, wollten Vogelnester suchen, der Peter aber, weil er erstaunend faul war, nachdem er ein wenig umgeschaut, legte sich unter einen Baum und schlief ein. Auf einmal war's ihm, als packte ihn einer an den Ohren, so daß er aufwachte und herumsah, aber niemanden erblickte. Also legte er den Kopf wieder und schlief aufs neue ein. Da kam's zum zweitenmal und packte ihn an den Ohren, als er aber niemandem gewahr werden konnte, schlief er zum drittenmal ein. Aber zum drittenmal ward er wieder gezupft, da war er das Ding müde, stand auf und wollte sich einen andern Ort suchen, wo er in Ruhe liegen könnte. Auf einmal aber sah er vor sich das Fräulein von Willberg gehen, das knackte Nüsse entzwei und steckte die Schalen in die Tasche und warf die Kerne auf die Erde. Als die Nüsse zu Ende gingen, war sie verschwunden. Der Peter aber war immer hinter ihr hergegangen, hatte die Nüsse aufgelesen und gegessen. Darauf kehrte er um, suchte den Knipping und erzählte ihm alles, was er gesehen hatte. Da gingen sie nach Haus, holten noch andere zur Hilfe und fingen an, da, wo das Fräulein verschwunden war, zu graben, und kamen da auf eine alte Küche, darin noch altes Kochgerät stand, endlich in einen Keller mit Tonnen voll Geld. Sie nahmen so viel, als sie tragen konnten, und wollten den andern Tag wiederkommen, aber alles war fort, und sie konnten die Stätte gar nicht wiederfinden, sie mochten suchen, wo sie wollten. Der Peter baute sich von seinem Geld ein Haus, darin er noch lebt.

(nach Grimm 1865)

## Marienmünster

Der fromme Bischof Badurad von Paderborn hatte ein Gelübde getan, der Heiligen Jungfrau zu Ehren ein Kloster zu bauen; nun konnte er über den Ort, wo es stehen sollte, nicht einig mit sich werden. Zu derselben Zeit hatte ein alter Hirt, welcher über Nacht bei seinen Schafen im Felde war, ein Gesicht von einer großen Schar Hirsche mit leuchtenden Geweihen, welche sich erst, als wenn sie etwas suchten, im Tale herumtrieben, sich dann auf einem Flecke zusammenfanden und lagerten und zuletzt spurlos verschwanden. Der Hirt erzählte die Sache einem Geistlichen, und als sich die Erscheinung allnächtlich wiederholte, seinen Bekannten; das Gerücht davon trug sich hier- und dorthin; endlich hörte auch Bischof Badurad davon. Im frommen Eifer, diesen höchst merkwürdigen Dingen auf die Spur zu kommen, reiste der heilige Mann selbst nach dem ihm beschriebenen Orte hin und fand gleich in der ersten Nacht die Sache völlig so wie man ihm gesagt hatte. Wie er darüber ernsthaft nachdachte, fiel ihm ein, dies sei vielleicht der Ort, welchen sich die Heilige Jungfrau zum Tempelplatze ausersehen habe. Er flehte also in brünstigen Gebeten zu der Hochbegnadigten, sie möge, wenn hier ihr Haus stehen solle, ihren Willen in der nächsten Nacht deutlich kundgeben. In der kommenden Mitternacht ging alles wie früher; einer von den Hirschen aber erhob sich und trat in die Mitte der andern. Da sah der Bischof, dass dieser statt des Geweihes ein goldenes Kreuz auf dem Haupte trug. Der Hirsch blieb einige Zeit stehen; dann beugte er sich und legte das goldene Kreuz auf den Boden nieder. Darauf war die ganze Erscheinung verschwunden. Jetzt glaubte Badurad alles verstanden zu haben. Er ließ sogleich an dem Orte den Bau der Kirche und des Klosters beginnen. Der Altar kam genau an die Stelle, wo der Hirsch das Kreuz niedergelegt hatte. Das goldene Kreuz selbst zeigt man in dem Kloster bis auf den heutigen Tag. Dieses war der Anfang des Klosters Marienmünster.

(nach Seiler 1848)

# Der Trompetersprung

Im Dreißigjährigen Krieg zogen schwedische Truppen von Paderborn her kommend durch den Nethegau Richtung Weser. Bei Rheder ritt ein übermütiger Trompeter, eine wallende Feder am Hut, die Trompete blasend, mordlustig auf schwarzem Rosse durchs Land. Vor einer Hütte hielt er plötzlich inne. Dort hielt sich ein junges Mädchen bei seinem Großvater, dem alten Behler, auf der Flucht versteckt. Der Schwede versuchte in die Hütte einzudringen, um des Mädchens habhaft zu werden. Der alte Greis stemmte sich jedoch so lange gegen die Tür, bis seine Enkelin durch das hintere Fenster und den Garten entkommen war. Er wurde dann von dem tobenden, rachsüchtigen Trompeter überwältigt, mit einem Seil an den Schweif des Pferdes gebunden und im Galopp mitgeschleift.

So kamen sie an eine steil abfallende Bergkante, unterhalb der die Nethe fließt. Der Alte betete zu Gott und erbat sich Kraft, sodann zog er den Strick an seinen gefesselten Händen über den Dolch des Reiters, kam frei und stieß mit aller Kraft den überraschten Unhold über die Klippe in die Nethe hinunter. Damit konnte er sich vor einem grausigen Tod retten. Der Schwede aber ertrank in einem Kolk des kleinen Flusses.

Am darauffolgenden Tag, nachdem das Kriegsvolk weitergezogen war, barg der alte Behler gemeinsam mit seinem Freund, dem ausgeplünderten und abgebrannten Mühlen-Jost, den toten Reiter aus der Nethe. In den Satteltaschen fanden sie eine große Menge Gold- und Silbermünzen, die der Schwede wohl während seiner Kriegszüge zusammengeraubt hatte. Die beiden teilten diesen Schatz je zur Hälfte unter sich auf. Der alte Behler gab jedoch seinen Anteil seiner Enkelin als Brautgabe, die – wegen ihres guten Herzens, ihres Glaubens und ihrer Demut – bis an ihr Ende wohlhabend und glücklich lebte.

Die Stelle an der Nethe, an der sich dieser Vorfall zutrug, heißt bis zum heutigen Tag „Trompetersprung“. Schon viele Menschen haben hier nachts zwischen Mitternacht und ein Uhr ein Stöhnen und einen Trompetenton gehört.

(nach Pöhler 1986)

# Der geheimnisvolle Ritter von Brakel

Während des dreißigjährigen Krieges lagen wieder einmal wilde, zügellose, raublustige Söldnerscharen vor den Toren der Stadt Brakel. Gerade erst hatten die fleißigen Bürger ihre mehrfach geplünderte Stadt mit viel Mühe und Entbehrungen wieder aufgebaut und waren zu bescheidenem Wohlstand gekommen. So waren denn die wehrfähigen Männer fest entschlossen, den Feind diesmal abzuwehren.

Beim ersten Klang der Sturmglocken griffen sie zu den Waffen und sammelten sich vor einem der Stadttore, bereit einen Ausfall zu wagen. Sie knieten zum Gebet nieder und stimmten das Lied zum heiligen Michael an. Anschließend ordneten sie ihre Sturmreihen. In der alten, geheiligten Melodie drang der Choral über die Stadtmauer hinaus. Als der Vers erklang: „Groß, starker Held, ist deine Kraft, ach komm mit deiner Ritterschaft!", geschah etwas Seltsames und Wunderbares. Die zum Ausfall bereiten Bürger erblickten plötzlich vor der ersten Sturmreihe einen strahlenden Ritter auf einem weißen Schlachtross. Seine Brünne, sein Schild und sein Schwert blitzten wie goldenes Erz und sein Antlitz leuchtete klar und hell wie die Sonne. Das Tor wurde geöffnet, der Ritter sprengte auf seinem Pferd allen voran hinaus und die anderen Streiter folgten im Sturmlauf. Die feindlichen Reihen waren zunächst vor Überraschung gelähmt, dann wandten sie sich in wilder Panik zur Flucht. Ohne auch nur einen Mann zu verlieren, kehrten die Brakeler wieder in die Stadt zurück und die Frauen und Kinder jubelten ihnen voller Freude zu. Der fremde Ritter war jedoch von allen unbemerkt verschwunden. Alle Einwohner der Stadt Brakel stimmten ein Loblied auf den heiligen Michael an. Von dieser Zeit an fühlten sich die Brakeler unter seinem besonderen Schutz. Sie hielten die Erinnerung an dieses Ereignis mit großer Dankbarkeit und frommen Eifer hoch und bis zum Ende des furchtbaren Krieges wurde die Stadt von weiteren Plünderungen verschont.

(nach Pöhler 1986)

## Die Nonne von Driburg

Auf der Straße bei Bad Driburg, die am Stellberg an dem Kreuz vorbeiführt und sich in engen Kurven, den „Todeskuven", den Berg hinabwindet, ist – so seltsam es klingt – noch nie jemand zu Tode gekommen. Dafür gibt es eine Erklärung:

In einer stürmischen Nacht ging einer, dessen Augen manches sehen konnten, was anderen verborgen blieb, diese Straße hinab. Es war bereits nach Mitternacht, als er plötzlich eine in ein rosenfarbenes Gewand gekleidete Nonne mit erhobenen Armen betend die Straße hinaufschreiten. Auf die Frage, wo sie denn in solch einer schlimmen Nacht wandern wolle, sagte sie: „Ich bin eine Schwester der ewigen Anbetung. Zur Erfüllung eines Gelübdes verlasse ich seit meinem Tod jede Nacht für eine Stunde mein Grab, schreite diesen Weg hinauf und bete für alle, die ihn am folgenden Tag befahren werden, damit keiner dieser Menschen hier zu Tode kommt." Nach diesen

Worten schritt sie weiter mit erhobenen Armen betend und ein schwacher rosiger Schein zeichnete ihren Weg.

(nach Pöhler 1986)

## Die Sage vom Ritter Teudebert

Der Sage nach soll der tiefe Burgbrunnen der Burg Dringenberg von einem Ritter Teudebert in den Fels getrieben worden sein. Der Ritter befand sich auf der Burg in Gefangenschaft und es wurde ihm die Freiheit versprochen, sobald er den Brunnen soweit ausgehoben hätte, bis das Grundwasser zu sehen war. Doch als dieser Tag nach langer Zeit endlich gekommen war und der Ritter seinen Schritt in die Freiheit machte, traf ihn der Schlag, und er starb noch am selben Tag.

(nach Pöppel 1980)

## Von Irrlichtern

Alles will ich wohl glauben, nur nicht, dass die Irrlichter Dünste sein sollen!" Das sagte vor vielen Jahren ein alter Mann aus Dringenberg. „Ob es nun arme Seelen oder böse Geister sind, die wegen ihrer Untaten nicht zur Ruhe kommen können, das kann ich auch nicht sagen. Eines ist jedoch gewiss, in meiner Jugend, als die Dringenberger Jungens noch keck waren und wenn nötig dem Teufel vor die Tür der Küche rückten, sahen wir abends, wenn wir die Kühe an der Oese hüteten, oft ein Irrlicht über dem Wasser heraufkommen und über den Steg springen. Einer von uns, ein echter Dolleromus, sagte einmal: ‚Morgen Abend will ich die Irrlichte einfangen. Ich will wissen, wie das Ding aussieht!' So hatte er am anderen Tag einen Sack mitgebracht. Diesen nutzte er abends, als das Irrlicht über den Steg sprang, dazu, dieses im Sprung aufzufangen. Am anderen Morgen machte er den Sack auf und fand darin nur Moder und Knochen. Er bekam einen großen Schreck und lief zum Pastor. Dieser gab ihm den Rat: ‚Bring alles dorthin, wo du es gefangen hast!' Diesen Rat befolgte er umgehend, schüttete am Abend den Sack am Steg wieder aus und erhielt sofort drei schallende Ohrfeigen. Eine Stimme sagte: ‚Ein anders Mal lass gehen, was dir nicht im Weg steht!'"

(nach Pöhler 1986)

## Die Musikanten von Willebadessen

Die Musikanten von Willebadessen hatten den Kleinenbergern zur Kirmes aufgespielt, und deren Zahlung und Zeche waren nicht karg gewesen. In der fröhlichen nachfestlichen Stimmung zogen sie durch den Tannenwald. Am „Kleinen Herrgott“ lüfteten sie ihre Mützen und waren bald an der Karlsschanze. „Sollten wir dem Alten da drinnen nicht auch unsern schönen Tusch zum Gruße blasen?“, fragte einer, und sofort stellten sich alle auf und voll Kraft und Harmonie schwang sich die Fanfare durch die schöne Sternennacht dahin. Gerade umhüllten sie wieder ihre blanken Instrumente, da stand vor ihnen ein wunderschönes Edelfräulein. Das trug eine goldene Schale in der Hand, reichte daraus jedem, indem es freundlich knickste und lächelte, einen Knochen und verschwand.

Verdutzt standen die Burschen eine Weile, dann sagte einer: „Mit dem freundlichen Lächeln des Fräuleins als Dank hätten wir zufrieden sein können. Aber einen Knochen gibt sie uns? Fort mit dem schäbigen Ding!“ Und schon flogen die Knochen, die sie in den Händen hielten, ins Gebüsch – bis auf einen, den ein besinnlicher Junge in die Tasche steckte, indem er dachte: „Einerlei, es ist eine Gabe des Kaisers und von so einem schönen Fräulein gereicht, ich kann ihn nicht wegwerfen.“

Als sie nun unten im Walde ankamen, wo sie den „Hellegraben“ überqueren mussten, stand der Junge auf der Brücke still, denn der Knochen lag auf einmal so schwer in seiner Tasche. Als er ihn hervorzog, sah er, dass er aus schierem Golde war. Spornstreichs eilten alle Burschen zurück, durchsuchten während der ganzen Nacht und noch im hellen Morgen Gebüsch und Gestrüpp nach den weggeworfenen Knochen, keiner fand den seinen wieder. Der eine aber kam zu Reichtum und Glück und weil er ein guter Kerl war, gab er seinen Genossen und anderen Leuten gern etwas davon ab, und dadurch wurde er noch reicher und glücklicher.

(nach Schweins 1961)

## Die Sage von Karl dem Großen in der Karlsschanze

Müde von seinen langen Kämpfen mit den Sachsen ruhte Kaiser Karl der Große in der alten Wallburg „Karlsschanze“. An langen reich gedeckten Tischen saß er gemeinsam mit seinen Rittern und alten Kämpen. Neben diesem Saal lagen die Stallungen für die prächtigen Pferde. Die fraßen aus Krippen von Marmor. Zaum- und Sattelzeug schimmerten nur so von Gold und Silber. In einem weiteren Raum sah man die Schätze des Kaisers, so gewaltig in der Menge und so schön, dass einem die Augen davon übergingen. Aber es öffnete kein Schlüssel den Berg unter der Wallburg.

Nur ein Mittel gibt es, in den Berg zu gelangen: Eine blaue Blume, die alle einhundert Jahre einmal bei der Drudenhöhle verborgen blüht, gewährt Einlass zu des Kaisers Wohnung. Der glückliche Finder der Blume muss mit ihr an den Fels der Drudenhöhle klopfen, damit sich der Felsen öffnet. Er kann sich dann von den Schätzen nehmen, so viel er vermag. Doch wehe ihm, wenn er die Blume verliert! Verschlossen bleibt ihm dann der Ausgang und niemals schaut er das Licht des Tages wieder.

(nach Schweins 1961)

## Die Sage vom Schweinehirten

Einem Schweinehirten aus Willebadessen ist es einmal gelungen, auch ohne die Wunderblume in den Berg zu kommen. Er weidete seine Herde in der Nähe der Karlsschanze, an den „Sieben Quellen". Jeden Mittag vermisste er ein Stück seiner Herde. Erst am Abend war es wieder da. Eines Tages schlich er dem Tier nach. Er sah, wie es in einer Felsspalte verschwand, die von allerlei Sträuchern und Brombeerranken überwuchert war. Er zwängte sich hindurch und kam in einen großen Raum, worin neben anderen Dingen auch Heu und Hafer lagerten. Hier fraß das Schwein sich nun satt. Plötzlich hörte der Hirte ein lautes Gewieher. Er ging weiter und kam in einen Pferdestall. Von hier aus führte ihn der Weg weiter in einen prächtigen Saal. An den langen Tischen saßen die Ritter mit dem Kaiser Karl. Dieser rief ihm zornig zu: „Was störst du meine Ruh?" Vor Schrecken bleich und voller Furcht stürzte der Schweinehirt hinaus ins Freie. Noch oft schlich er später wieder in die Nähe jener Spalte. Doch so viel er auch suchte, er fand den Eingang nicht mehr wieder.

(nach Schweins 1961)

## Vom Kampf mit dem Drachen

Am Fuße des Desenberges hauste vor langer Zeit ein furchterregender Drache, der sich im Gebüsch verborgen hielt und sobald nun Menschen ahnungslos vorbeikamen, stürzte er hervor, griff die überraschten Reisenden an und fraß sie auf. Schon so manch tapferer Ritter war ausgezogen, um dem Drachenspuk ein Ende zu bereiten und das Land von dieser Last zu befreien. Alle mussten sie bei diesem Versuch ihr Leben lassen. Das führte so weit, dass sich niemand mehr in die Nähe des Berges traute. Daraufhin ließ der König folgendes bekanntmachen: „Wer den Drachen am

*Der Desenberg.*

Desenberg zur Strecke bringt, dem schenke ich das umliegende Land zu seinem alleinigen Nutzen und lasse für ihn oben auf dem Berg eine stattliche Burg bauen."

Daraufhin meldete sich ein junger Rittersmann, der dieses Vorhaben wagen wollte. Er ließ sich von einem Schmied Schwert, Lanze und Schild anfertigen. In den Schild ließ er drei Spiegel einlassen. So gerüstet zog er voller Zuversicht und Gottvertrauen in Richtung des Desenberges bis hin zu der Stelle, wo sich der Drache versteckt hielt. Als dieser nun den Ritter kommen hörte, stürzte er aus dem Gebüsch, riss sein Maul weit auf und Feuer und Rauch zischten aus seinem Rachen. Der Ritter hielt nun den Schild so nah vor sich, dass der Drache in den drei Spiegeln sein Abbild sah. Er glaubte in diesem Moment von drei Drachen angegriffen zu werden und zauderte einen Augenblick. Diese Zeit nutzte der Ritter, um dem Drachen seine Lanze ins Herz zu stoßen. Dann hieb er dem Drachen mit seinem Schwert in die Flanken. Der Drache brüllte fürchterlich, bäumte sich ein letztes Mal auf und verendete. Die Nachricht vom Tod des Ungeheuers verbreitete sich sehr schnell im ganzen Land. Der König hielt nun sein Versprechen und schenkte dem Ritter das fruchtbare Land rings um den Desenberg und auf dem Gipfel ließ er eine stattliche, starke Burg errichten. Von diesem Tag an nannte sich der Ritter „von Spiegel" und führte drei Spiegel in seinem Wappen.

(nach Schweins 1961)

## Warum es in der Egge nicht mehr wachsen will

Einst lebten im Osning, dieses ist der ursprüngliche Name für das Eggegebirge, zwei Riesen. Sie hatten einen Backtrog, in dem sie gemeinsam ihren Brotteig säuerten. Eines Tages, als der eine Riese einen ganzen Ochsen zu Mittag gegessen und sich zum Schlafen niedergelegt hatte, flog ihm ein Huhn in die Nase, das auf der Flucht vor einem Fuchs war. Er musste daraufhin niesen und prustete so gewaltig, dass das ganze Gebirge bebte. Er wurde wach und hörte ein Geräusch. Es klang für ihn so, als sei der andere Riese beim Brotbacken und kratze den Backtrog aus. „Warte nur mein Freund!", dachte er, „das werde ich dir gründlich versalzen!" Daraufhin ging er zu dem anderen Riesen und fand ihn schlafend. Dem war nun ein Hase durch den Bart gelaufen, durch den das Geräusch entstanden war. Als der Riese merkte, dass er sich getäuscht hatte, wurde er zornig, nahm den Trog und stülpte ihn auf seinen Kopf, um ihn fortzutragen. Der Trog wurde ihm jedoch nach einer Weile zu schwer. So warf er ihn vor lauter Wut auf den Osning. Seither wollen hier keine Eichen und Buchen mehr wachsen.

(nach Schweins 1961)

# Kreis Lippe

## Einleitung

Bereits in der Altsteinzeit durchstreiften hier Menschen, die der Kulturstufe der Jäger und Sammler angehörten, das Land auf der Suche nach Wild und Früchten, die ihnen das Überleben in einer damals kargen, kalten Landschaft sicherten. Später, in der Jungsteinzeit, wurden sie von den ersten Ackerbauern verdrängt, die aus Südosten in die Region einwanderten und eine vollkommen andere Lebensweise und Kultur mitbrachten: Die Menschen wurden sesshaft und betrieben eine Vorratswirtschaft, die auf der Grundlage der Landwirtschaft aufgebaut war. Dies bedeutete einen sprunghaften technischen Fortschritt und eine gesellschaftliche Ausdifferenzierung in Form einer ständischen Gemeinschaft. Hier liegen auch die Wurzeln des Adels als Herrscherklasse.

Die Bevölkerungszahl stieg und das später aufkommende Metall wurde vielfältig genutzt.

Eine besondere politisch-militärische Rolle spielten das Lipperland und die Weserregion dann in germanisch-römischer Zeit, als hier im Gebiet der mittleren Weser die Cherusker unter ihrem Führer Arminius im Jahr 9 n.Chr. drei Legionen des römischen Feldherrn Varus vernichteten. Dieses Ereignis leitete das Ende der römischen Expansion in Germanien ein. Im Zuge der Völkerwanderung bildeten sich aus den bisherigen regionalen Kleinstämmen schließlich große Volksgruppen wie beispielsweise die der Sachsen. Diese gelangten dann im Verlauf ihrer Expansion nach Süden bis in den Diemelraum und siedelten dauerhaft in unserer Region. Während der Sachsenkriege Karls des Großen (772–804), die mit dem Ziel der Christianisierung des Sachsenlandes geführt wurden, aber auch der territorialen Machterweiterung des Frankenreichs dienten, traten in unserer Region erstmalig die Ostfalen, Engern und Westfalen als Teilstämme der Sachsen in das Rampenlicht der Geschichte. Das Herzstück des sächsischen Stammesverbandes war die Herrschaft Engern, die den mittleren Teil des sächsischen Siedlungsgebietes von der mittleren Weser, vom Zufluss der Diemel flussabwärts bis Bremen, im Südwesten den Raum um Korbach und Medebach und im Nordosten das Gebiet der unteren Aller und Leine umfasste.

Das Entstehen und Werden der Herrschaft Lippe fällt in das 12. Jahrhundert, als zahlreiche Grafen- und Edelherrengeschlechter, begünstigt durch die Schwächung der

Vielleicht war es
diese Hütte, in
der einst der alte
Bertold hauste.

kaiserlichen Position im Reich, begannen, dynastische Eigeninteressen zu entwickeln. Zu diesen Geschlechtern gehörten neben den Grafen von Schwalenberg, von Sternberg, von Everstein und von Schaumburg auch die Edelherren zur Lippe.

Im Laufe der Zeit verlagerte sich durch die Übertragung von Lehen und durch Landkauf das Herrschaftsgebiet derer „zur Lippe“ in die Region, die heute als Lipperland bezeichnet wird. Zwischen Lippischem Wald und Weser, im Lippischen Bergland, entstand in der Folgezeit kontinuierlich eine Landesherrschaft, die ihre Eigenheiten und Privilegien auch nach dem Ende der Fürstenherrschaft bis 1945 bewahren konnte. Die Geschichte Lippes ist in Deutschland einzigartig, da das kleine Land, in zentraler Lage zwischen den jeweiligen Großmächten gelegen, immer seine politische Unabhängigkeit bewahren konnte.

Die Burg Lipperode, die erstmals im Jahr 1248 in einer Urkunde des Klosters Liesborn erwähnt wurde, ist nicht die Stammburg der Edelherren zur Lippe. Diese zu späte Zeitstellung wurde auch durch archäologische Ausgrabungen bestätigt. Die Anlage wurde als eine Wasserburg in der Lippeniederung, an einer Furt durch die Lippe gebaut und hatte wohl in erster Linie eine Kontroll- und Schutzfunktion. In den militärischen Auseinandersetzungen mit dem Kölner Erzbischof und auch in anderen Fehden konnte sich die Burg als lippisches Bollwerk behaupten.

## Der alte Bertold

Tief im Teutoburger Wald lebte einst ein Mann, den die Leute den alten Bertold nannten. Viele glaubten, dass er einen Bund mit dem Bösen geschlossen habe und dort im Wald schon sicher über hundert Jahre wohnte. Vom Aussehen glich er jedoch eher einem Mann von sechzig Jahren. Auch wusste niemand, wovon er lebte und was er denn so trieb. Um seine Hütte herum, die er niemals verließ, war nichts als düsterer Wald und so kam es, dass ihm nur wenige Menschen nahegekommen sind. Es wurde erzählt, dass der Alte drei Steine besäße, durch die er Gewalt über alle Geister erlangen konnte. Woher diese Steine stammten und was es mit dieser Zauberkraft auf sich hatte, das vermochte niemand zu sagen.

Eines Abends sahen nun Bauern, die am Waldrand wohnten, wie ein einsamer Ritter auf den Ort, an dem sich der alte Bertold aufhielt, zuritt. Sie bekreuzigten sich schnell und beteten für die arme, verlorene Seele des Ritters. Doch dieser kam am Abend wohlbehalten aus dem Wald zurück. Die Leute bemerkten in der nächsten Zeit, dass dieser Ritter nun oft diesen Weg in den Wald nahm. Eines Tages kam er jedoch nicht wieder zurück und es dauerte eine Weile, da sahen sie, wie der Ritter in Begleitung einer tief verschleierten Frau in Richtung des Waldausgangs ritt. Es schien, als ob beide Reiter in großer Eile waren, denn sie trieben ihre Pferde immer heftiger an. Plötzlich erhob sich eine gewaltige Riesengestalt über den Bäumen. Das war der alte Bertold. Mit unsagbar trauriger Stimme rief er von oben herab: „Zu spät, Konrad, zu spät!“ Dann war er genauso schnell, wie er gekommen war, wieder verschwunden. Zugleich sahen die Bauern den Ritter ohnmächtig vom Pferd sinken. Sie eilten herbei und trugen ihn in die nächste Hütte, wo sie ihn auf ein Strohlager legten. Die Frau, die ihn begleitet hatte, setzte sich an seine Seite, um ihn zu pflegen. Als er wieder erwachte und zu Kräften gekommen war, erzählte er seinen Rettern seine Geschichte: „Ich bin aus adeligem Geschlecht und habe vor langer Zeit als Ritter an einem Kreuzzug ins Heilige Land teilgenommen. Während meiner Abwesenheit haben mich falsche Freunde um mein ganzes Hab und Gut gebracht und auch meine Braut mit Gewalt in ein Kloster verbracht, um sie mundtot zu machen. Nach meiner Rückkehr aus Palästina habe ich jedoch alles erfahren. In meiner Not habe ich mich an den weisen alten Bertold gewandt, damit er mir helfe, meine Braut und meinen Besitz wiedererlangen zu können. Der Alte hat mir daraufhin drei Edelsteine für drei Monate geliehen, um mit ihnen die Geister anzurufen, damit diese mir helfen, meine Ziele zu erreichen und mich an den Tätern zu rächen. Alles verlief nach Plan und meine Wünsche wurden in die Tat umgesetzt. Ich war gerade auf dem Weg zum alten Bertold, ihm die Steine zurückzubringen, da ist das geschehen, was ihr alle beobachtet habt. Ich kam zu spät. Der alte Bertold konnte ohne die Steine nicht länger als drei Monate leben und diese Zeit war gerade abgelaufen. So musste er sterben. Aber auch mein Ende naht, denn der Geist der Steine, der mir drei Monate diente, hat nun Gewalt über mich gewonnen.“

Nach diesen Worten schossen plötzlich drei feurige Schlangen aus den Steinen, bissen dem Ritter ins Herz und spritzten ihr Gift hinein. Der Ritter fiel tot zu Boden und auch die Hütte des alten Bertold stand leer, bis sie schließlich verfiel.

(nach Seiler 1848)

## Am Messerkerl

Der allseits als redlicher Kaufmann bekannte Wanderhändler Albert Mejer zog gemächlich und zufrieden mit seinem Karren durch den Wald. Seine Zinnlöffel und geschnitzten Kellen, die Messer und Tellereisen hatte er allesamt in den umliegenden Dörfern verkauft. Solch ein gutes Geschäft hatte er schon lange nicht mehr gehabt. Voller Zufriedenheit beschloss er an einer lichten Stelle im Eggewald ein Feuer zu machen, um noch ein paar Löffel zu gießen, die er dann am darauffolgenden Tag in Paderborn zu verkaufen gedachte. So schürte er das Feuer, legte die Zinnklumpen in die Pfanne und beschloss, eine Mütze voll Schlaf zu nehmen, bis das Zinn zu fließen beginnen würde. Da hörte er einen Fuchs bellen. Vorsichtshalber stellte er ein Tellereisen auf, streckte sich wohlig und schlief schließlich beruhigt ein.

Wo sich solch ein Friede ausbreitet, kann der Teufel nicht weit sein: Ein struppiger Taugenichts streifte durch den Wald und sah als erstes das Feuer, dann den ihm wohlbekannten Alten, der friedlich dort neben dem leeren Karren schlief. „Ei!“, dachte er sich, „wenn der Karren leer ist, muss der Geldbeutel voll sein!“ Und so schlich er sich – einen bösen Plan im Kopf – leise heran.

Das Zinn glühte bereits in der Pfanne und er nahm sie beim Stiel und goss dem Schläfer das siedende Zinn in den Mund, sodass der Alte daran in höchster Todesnot grausam erstickte. Der Bösewicht stellte die Pfanne auf das Feuer zurück und durchsuchte die Taschen des Händlers. So sehr er auch wühlte, er fand nichts. Schließlich geriet er an das offene Tellereisen, das krachend in das Bein des Mörders schlug. Der fiel und riss dabei die glühende Pfanne um, deren Inhalt sich über ihn ergoss und seine Kleider in Brand setzte. So starb er schließlich einen grausamen Feuertod und der Himmel kann seine Seele nicht aufgenommen haben, denn schon manch ein Wanderer hat, als er an dieser Stelle vorüber ging, das Ächzen und Stöhnen des Mörders gehört.

(nach Pöhler 1986)

## Die Armen in der Senne

Im letzten Winter, als abwechselnd durch Schnee und Regen alle Wege durch die Senne ungangbar gemacht waren, hatte in jener Hütte, welche jetzt als Trümmer vor uns lag, die Not ihren Gipfel erreicht. Ein junger Bauer verlor sein Weib, was ihm sechs kleine Kinder hinterließ. Sie zu ernähren, war das wenige Geld, was er aus Friesland mitbrachte, bald draufgegangen, und eine gänzliche Missernte machte, dass seine Scheune diesen Winter ohne den gehörigen Vorrat von Früchten blieb. Dazu kam noch das lange Darniederliegen des Leinenhandels, der von England aus mit so großem Erfolg betrieben wird und der den Bauern jener Gegend, welche früher das Garn mit Nutzen zu Markte trugen, jetzt jede Möglichkeit nimmt, ihr Leben dadurch zu fristen. Alles hätte den jungen Bauer indes noch nicht niederbeugen können, denn noch blieben ihm ja zwei tüchtige Fäuste, die zu jeder Arbeit bereit waren und bei dem Bau des Armindenkmals in jener Zeit gerade die beste Gelegenheit dazu fanden. Aber, wie durfte er sich tagelang von seiner Hütte entfernen – sechs Kinder kauerten halb nackt am Feuer, und im Winkel der Stube lag auf hartem Strohlager der alte Vater, krummgezogen von der Gicht, von den fürchterlichsten Schmerzen geplagt, der weinend seine Knie umfasste und ihn bat, nicht davonzugehen. Mehrere Male war schon das größte der Kinder in das nächste Dorf geschickt zu dem Prediger. Der Vater sei so krank, ließ man ihm sagen, er möge doch mit den Sterbesakramenten kommen. Der Pastor war jedes Mal erschienen – aber wozu der Trost schöner Worte? Man ließ ihn

Sennelandschaft.

rufen, weniger der Gottseligkeit wegen, als dass er noch einmal die Not sähe, noch einmal eine Unterstützung auswirkte oder vielleicht noch einmal in die eigene Tasche griffe; denn der kranke Vater machte noch keine Sterbemiene; sechzehn Wochen lag er schon am Boden, er war an Schmerzen gewöhnt, er wollte leider noch nicht sterben. So ging der halbe Winter vorüber, die Gegend war von dichtem Nebel umhüllt; bald konnte man kein Kind mehr hinausschicken – es wäre in den sumpfigen Wegen, im Schnee, auf den unsichern Sandschichten unrettbar verloren gewesen; die Hilfe der Nachbarn wurde durch die vielen Armen immer kleiner, manchmal blieb sie ganz aus, und vom Hunger gestachelt, jammerten dann die Kinder in der Hütte umher. Als die Sonne wieder einmal rot hinter den fernen Bergen hinabgesunken war und in der und um die Hütte das tiefste Dunkel lag, schleicht der junge Bauer aus der Tür, geht an die Wand, hinter welcher der kranke Vater lag, er schauert zusammen, zerdrückt noch eine Träne im Auge und mit kräftigem Stoß reißt er die morsche Lehmwand auseinander. Der Kranke, gänzlich erschöpft, ist gerade in festen Schlaf versunken, er merkt nicht, dass ihm der kalte Nachtwind über das Gesicht streicht, und als er endlich wach wird, sich nicht von der Stelle bewegen kann und um Hilfe wimmert – da hört ihn niemand – man ist an das Jammern gewöhnt; der Sohn verbirgt sein Gesicht im Stroh, die Kinder schlafen. Der Nebel ist indes verschwunden, in der Nacht wird es sternhell, es wird bitterkalt. Um Mitternacht ist der Alte schon besinnungslos, als der Morgen kommt, ist er tot. Jetzt hat der junge Bauer nur noch für die Kinder zu sorgen. Nach einigen Tagen sieht man die Hütte in Flammen aufgehn. Der Eigentümer steckte sie selbst in Brand und zieht mit den Kindern auf die nächsten Dörfer, um zu betteln.

(Weerth 1844)

## Der weiße Senner, Wodans Ross

Zur Zeit der Wintersonnenwende, um Mitternacht, wenn sich die Bäume im Sturme neigen, wird das weiße, prächtig gezäumte und gesattelte Ross vor Wodan geführt. Dann reitet er in wilder Jagd von den Bergeshöhen des Osning zur Senne hinab, schlägt mit dem Stab an die Hünengräber und erweckt so die schlafenden toten Helden. Jetzt sind sie da, scharen sich um das weiße Ross und die hochgewachsene Gestalt Wodans. Sein weiter, schwarzer Umhang und die lange Mähne des weißen Pferdes flattern im Wind. Nebelschwaden umwehen den Graubart und sein Gefolge, die gespenstisch aus dem dunstigen Nebel leuchten. Nun sind auch die letzten versammelt und die Jagd beginnt. In rasendem Galopp stürmen sie durchs Land, bis die nächtlichen Lichter und Farben langsam verblassen. Der Zug verflüchtigt sich, die Toten steigen zurück in ihre Grabhügel und zurück bleibt allein der wabernde Nebel. Das Ross stürmt nun wieder ins Gebirge, wo es so mancher zur Geisterstunde friedlich grasend gesehen hat. Ist diese Stunde jedoch vorüber, verschwindet es aus dem Blick des staunenden Wanderers.

(nach Schwanold/Wiemann o.J.)

## Der Teufel und die Externsteine

Ein Bauer pflügte nach einem schweren und harten Winter seinen Acker. Seine Scheune war bei einem Feuer abgebrannt. Zu all dem Leid kam hinzu, dass die Bäuerin mit hohem Fieber daniederlag. Die Kinder sahen bleich und schwach aus, auch weil die Kühe, die sonst die gute Milch gespendet hatten, einer Seuche erlegen waren. Nach einer Weile hielt der Bauer inne und fragte sich besorgt, wie er nur all seine Schulden bezahlen sollte. Da stand plötzlich ein schwarzer Schatten vor ihm, der ihn mit menschlicher Stimme voller List ansprach: „Das Elend steht dir und deiner Familie ins Gesicht geschrieben. Es ist dir nur mit einem Beutel voller Goldstücke geholfen. Hier ist er, schau nur hinein, wie es glänzt im Ledersack!“ Der Bauer konnte kaum seinen Blick davon abwenden. Er strich sich über die schweißnasse Stirn, besann sich und fragte den Schwarzen, was er dafür verlangte.

„Nun“, erwidert der Teufel, „umsonst ist nur der Tod, und der kostet doch das Leben. Der Beutel samt Inhalt gehört dir, wenn du mir nach deinem Tod deine Seele verschreibst.“ Da kam die schwache Bäuerin mit einer Stärkung für den Bauern und etwas Hafer für das Pferd. Sie bemerkte schnell, was hier gespielt wurde und der Teufel beeilte sich, ein neues Angebot zu machen: „Ich werde für euch hier ein Schloss bauen, wie es in der ganzen Gegend kein zweites gibt!“

„Das alles muss vor dem ersten Hahnenschrei fertig sein und der Beutel bleibt sofort bei uns“, erwidert die Bäuerin kurz und bündig. Der Bauer fügt sich, weil er die Klugheit seiner Frau kannte und der Teufel rief höhnisch: „So soll es geschehen!“

Er drehte sich um und im Nu rauschte es in der Luft und im Steinbruch wurde es lebendig. Steine wurden gebrochen und noch vor dem Abend war der Schlosshof mit einer Mauer umgrenzt.

„Es ist noch viel zu tun bis zum ersten Hahnenschrei!“, tröstet die Bäuerin ihren immer ängstlicher dreinschauenden Mann, „lass mich nur machen!“ Es war Mitternacht vorüber, da stand das Schloss schon in seinen Grundmauern. Der Bauer sah mit bleichem Gesicht zu, wie die Schar schwarzer Gesellen Stein um Stein herantrugen. Das Schloss war nun nahezu fertig und die Grabungen für den Schlossteich hatten begonnen, als das erste Morgenlicht am Horizont erschien. Da ging die Bäuerin leise auf den Hühnerwiemen und sah, wie der stolze Hahn auf der vordersten Stange saß und sich für den ersten Morgenschrei ausruhte. Die Bäuerin ließ durch den Türspalt eien Schimmer des Frühlichts auf den Hahn fallen und ahmte das Gackern der Hennen nach. Da erhob sich der Hahn mit lautem „Kikeriki“. Die Berge erdonnerten und im Sturm stoben die schwarzen Gestalten davon. Ihr Oberster aber, der gerade den letzten Eckstein des Gemäuers herbeitrug, warf diesen voller Wut an die Felsenmauer, sodass das fast fertige Schloss in Trümmer fiel.

Die Steinbocken liegen noch heute dort und auch der Teich ist noch zu sehen. Der Eckstein hängt am Felsentor, so wie ihn der Teufel dort hingeworfen hat. Der Bauer aber hat den Goldschatz gut angelegt: Er hat seine Schulden beglichen, die Scheune wieder aufgebaut, Kühe und Schweine gekauft und mit neuen Kräften fleißiger als zuvor gearbeitet. Weil er so eine kluge Ehefrau hatte, kam der Teufel nie wieder.

(nach Pöhler 1986)

*Die Externsteine mit dem Waldsee.*

## Sage vom Externsteine, am Teutoburger Walde

Als das Kreuz Christi bey uns gepredigt wurde, so ärgerte sich der Teufel, dass er immer eine Gegend nach der andern verlor. Er hatte lange die Gegend vom Externsteine nicht besucht und hoffte immer, dass es über den Damm nicht herüber könnte. Da er aber überall flüchten musste, so wollte er sich nun nach dem Externsteine zurückziehen. Er kam an und sah eine große Menge Menschen, die vor dem Kreuze niederfielen, das man noch an den Felsen ausgehauen sieht, und die zu der Capelle auf der Spitze des steilsten Felsen und zu dem Grabe am Abhange des vordersten Felsen eine Procession hielten. Das verdross den Teufel. Er sah einen Priester mit einem Cruzifix von der Capelle kommen, er ergriff ein großes Felsenstück und schleuderte es nach ihm. Aber die Macht des Kreuzes gab dem Steine eine andere Richtung und er blieb auf einer Felsenspitze hängen. Da sprach der Priester den Fluch über ihn aus, und der Teufel flüchtete bey dem ausgehauenen Kreuze vorbey, an dem untersten Abhange des Berges zu dem Grabe. Hier fasste er mit seinen Krallen hinein, die noch deutlich darinn zu sehen sind, konnte es aber nicht zerstören. Da stemmte er sich gegen den großen Felsen, um ihn niederzuwerfen. Er drängte so gewaltig, dass er ein tiefes Loch in den Felsen drückte, und die Flamme schlug daran in die Höhe, wie noch deutlich zu sehen. Der Felsen blieb aber unbeweglich stehen, weil das Kreuz daran ausgehauen war. Da ging der Teufel fluchend fort und drohte, der Stein, den er zuerst gegen den Priester schleuderte, der solle noch einmal eine Bürgersfrau aus der Stadt Horn umbringen. Die Bürger aus Horn gaben sich alle Mühe, diesen Stein herunterzubringen, der ganz lose zu liegen scheint, es war ihnen aber bis jetzt unmöglich. Seit einem Jahre geht die Landstraße zwischen dem, worauf der Stein liegt, und einem andern Felsen durch.

(nach Albrok 1818)

## Die Hornsche Bürgertreue

Graf Simon zur Lippe war ein edler Mann und ein guter Regent. Er wurde deshalb von seinen Untertanen geehrt und geliebt. Einst fiel ein Feind in sein Land ein, schlug sein Heer und nahm den Grafen gefangen. Er kam als Gefangener auf die feste Burg Ottenstein an der Weser und wurde in einen tiefen, dunklen Turm geworfen, wo er weder Sonne noch Mond sehen konnte. Da machten sich die Bürger von Horn auf, um ihren Herrn aus der Gefangenschaft zu befreien. Mit Lanzen, Beilen, Schwertern und Äxten bewaffnet, zogen sie vor die feindliche Festung. Sie überwältigten die Wachen, schlugen die Tore ein und drangen in die Burg. Da fand man den Kerker, in

*Burg Horn in Horn-Bad Meinberg.*

dem der Graf schmachtete, durch eine Eisentür verschlossen. Aber ein Schmied zerschlug sie mit einem Eisenhammer und so wurde der Graf befreit. Er umarmte den Hauptmann und drückte seinen Rettern die Hände. Froh zogen die Bürger nun wieder nach Hause. Eine Glocke, die sie erbeutet hatten, wurde im Rathausturm aufgehängt. Diese erinnerte die späteren Geschlechter an die edle und mutige Tat der Väter, bis sie in einem großen Brand zerstört wurde. Noch heute aber haben die Bürger von Horn das Recht, die vom Sturm gebrochenen Bäume aus dem Wald zu holen. Dieses Recht hatte ihnen der Graf zum Dank für ihre Liebe und Treue verliehen.

(nach Schwanold/Wiemann)

# Der Mäher in der Mühlenwiese

Zwischen dem Burggraben in Detmold und der Werre lag in früherer Zeit eine Wiese, die Mühlenwiese genannt wurde. An die hundert Bauern der Umgegend waren vom Landesherrn verpflichtet worden, im Sommer Mäher für die Mahd der Wiese zu stellen. Einst sah der Graf von seinem Schlosse aus den Mähern bei ihrer Arbeit zu. Dabei bemerkte er einen, der mit sehr großer Wucht seine Sense schwang. Er ging zu ihm hin und sagte zu ihm: „Das Mähen macht dir wohl großes Vergnügen, dass du so kräftig durch das Gras fegst." Darauf entgegnete der Mann: „Durchaus nicht! Es ist bloß die Wut darüber, dass ich aus dem Amt Lage hierherkommen und den ganzen Tag in der Hitze stehen und mich quälen muss." Da sah der Graf den Mäher erstaunt an und fragte, ob er wohl an einem Tage vom Burggraben bis zur Werre einen Weg durch die Wiese mähen könne. Der Bauer sah sich die Länge der Wiese an und sagte bedächtig: „Es ist allerdings ein schweres Stück, aber wenn es sein muss, will ich es wohl angehen." „Nun, das soll ein Wort sein", sagte der Graf. „In diesem Jahr geht es nun nicht mehr, aber wenn du es im nächsten Jahr fertigbringst, so sollst du mit Kind und Kindeskindern für ewige Zeiten von allen Herrendiensten in der Mühlenwiese befreit sein." „Und wenn ich den Tod davon haben sollte", sagte der Bauer, „so will ich es doch unternehmen, sodass

*Das Detmolder Schloss.*

wenigstens meine Nachkommen diese schwere Last los sind." Im folgenden Sommer stellte er sich zur Zeit der Mahd in der Wiese ein. Bevor er sein Tagwerk begann, sah er still vor sich nieder und sprach ein kurzes Gebet. Dann fasste er seine Sense fest und nieder fiel Schwaden auf Schwaden unter seinem Hieb. Oft ging sein Blick die Wiese entlang zur Werre hin. Die Sonne stieg höher, der Schweiß tropfte ihm von der Stirn, aber er beachtete es nicht: „Bis zur Werre hin und dann nicht wieder auf dieser Wiese, du nicht und deine Kinder nicht!" Kurz war seine Mittagsrast, schon fühlte er seine Arme ermüden und die Sonne senkte sich schon über den Eichen. Schneller flog die Sense im Bogen, näher und näher kam auch das Ende. Nun nahm er die letzte Kraft zusammen, und die letzten Halme fielen am Flussufer der Werre. Ermattet sank der Mäher nun ins Gras. Noch einmal schlug er die Augen auf und flüsterte: „Gott sei Dank, das war das letzte Mal." Ein Herzschlag hatte seinem Leben jäh ein Ende gemacht.

(nach Schwanold/Wiemann)

## Der angeführte Teufel

In Barkhausen lebte einst ein Bauer, der in einem Jahr eine besonders gute Ernte eingebracht hatte. So ging er über seine Felder, besah seinen reichen Segen und überlegte, wo er diese große Menge an Korn nur lassen sollte. Da kam ein kleiner alter Mann auf ihn zu und sagte zu ihm: „Da habt Ihr aber eine gute Ernte auf dem Feld." „Ja", erwiderte der Bauer, „aber was nutzt es mir, wenn ich keine Scheunen habe, es unterzubringen." „Nun", sagte der Mann, „wenn Ihr weiter keine Sorgen habt, kann Euch leicht geholfen werden. In einer Nacht will ich Euch auf Eurem Hof eine große Scheune bauen. Ihr müsst nur einen Vertrag unterschreiben, dann steht morgen früh, ehe der Hahn kräht, die Scheuer fertig auf dem Hof." Das reizte den Bauern und er unterschrieb den Pakt. Als es nun Abend wurde, begann auf dem Hof ein großer Lärm. Wagen fuhren Steine und Bauholz, Mauern wuchsen aus dem Boden und Balken wurden aufgerichtet. Von überall hörte man geschäftiges Hämmern und Sägen, man sah aber keinen einzigen Menschen. Die Bäuerin fragte nun verwundert darüber ihren Mann, was das zu bedeuten habe. Daraufhin erzählte er ihr von dem Pakt, den er mit dem alten Mann geschlossen hatte. „O Gott!", rief sie, „du hast dich dem Teufel verschrieben! Das nimmt kein gutes Ende! Du wirst sehen, heute Nacht geht es dir an den Kragen!" Ob dieser Worte bekam es der Bauer mit der Angst zu tun. Seine Frau aber sagte zu ihm: „Lass mich nur machen!" Schnurstracks ging sie auf die Deele und klatschte laut in die Hände. Wegen dieses Lärmens wurden die Hähne wach und fingen aus vollem Hals an zu krähen. Mit einem Schlag hörte draußen der Krach auf. Der Teufel hatte seinen Teil des Vertrages nicht gehalten, denn die Scheune war vor dem ersten Hahnenschrei nicht ganz fertig geworden. Es fehlte noch eine Wand, die der Bauer später einziehen wollte, die aber immer wieder aus unerfindlichen Gründen einstürzte. Diese Wand fehlt noch heute in der Scheune.

(nach Schwanold/Wiemann)

## Der Hermannsberg

Im Hermannsberg bei Stapelage bewachen die Zwerge große Schätze und Kostbarkeiten. Es liegen dort Perlen, goldene Äpfel, Diamanten und Edelsteine haufenweise aufgeschichtet, da lagert uralter würziger Wein in Fässern fest vom Weinstein und es sprießen in unterirdischen Gärten goldene Rosen und silberne Lilien. Wer nun die rechte Zeit weiß, wann der Berg sich öffnet, der kann eine Stunde lang hinabsteigen und von den Schätzen mitnehmen und von dem Wein trinken, so viel er mag. Aber der größte Schatz, der in der dunklen Tiefe ruht, ist der alte Hermann, den die Zwerge gebannt und verzaubert halten, bis seine Zeit gekommen ist. Dann wird er erwachen, aufstehen und seine Gefolgschaft um sich scharen. Er wird wieder die Freiheit für das Volk erringen und die alte Ordnung im Land wiederherstellen, so, wie es vor langer Zeit schon einmal war.

(nach Schwanold/Wiemann)

## Die Riesen vom Vierenberg

Vor langer Zeit lebten auf dem Vierenberg bei Salzuflen und dem Tönsberg bei Oerlinghausen zwei Riesen. Sie lebten friedlich miteinander und statteten sich gegenseitig Besuche ab. Eines Tages kam der Riese vom Tönsberg wieder zum Vierenberg. Auf seiner Reise hatte er etwas Sand in seinen Schuh bekommen, den er nach seiner Ankunft ausschüttete. So entstand der Berg, auf dem Leopoldshöhe steht.

Eine weitere Geschichte über diese beiden Hünen erzählt von einer etwas kniffligeren Angelegenheit, die von Misstrauen und falschen Schlüssen geprägt ist:

Die Riesen vom Vierenberg und vom Tönsberg hatten einen Backofen, den sie gemeinsam nutzten. Wollte nun einer backen oder den anderen benachrichtigen, dass der Ofen heiß war, kratzte er im Backtrog, wobei er solch einen Lärm machte, dass man es deutlich im Haus des anderen Riesen hören konnte. Als nun wieder ein Backtag anstand, hörte der Riese vom Tönsberg schon in aller Frühe ein gewaltiges Schrubben. Daraufhin beeilte er sich, seinen Teig herzurichten und zog los, um rechtzeitig zum Backen zu kommen. Als er bei dem Riesen vom Vierenberg ankam, lag dieser noch friedlich schlummernd in seinem Bett. „Was ist denn das?“, fragte der andere. „Du schläfst noch ruhig, ich hörte doch schon vor einiger Zeit ein starkes Schrubben.“

Der Vierenberger antwortete: „Du hast dich geirrt, der Ofen ist noch längst nicht heiß. Das Geräusch, was du gehört hast, wird wohl davon kommen, dass ich mich vorhin kratzte, als ein Floh mich stach." Da wurde nun der Tönsberger zornig, schimpfte lauthals und tobte wie wild. Schließlich nahm er in seiner blinden Wut seinen und den Teig des anderen Riesen und warf ihn den Berg hinunter. So ist Kuhlenhölters Berg entstanden.

(nach Schwanold/Wiemann)

## Der Hund im Steinbecker Holz

Es war an einem Tag im Oktober. Die Tage waren schon kürzer und die Dämmerung brach bereits früh am Nachmittag herein. Der alte Fuhrmann Frodermann aus Salzuflen war mit einer Fuhre Salz nach Vlotho an der Weser gefahren. Nachdem seine Fracht von den Schauerleuten vom Wagen auf den Lastkahn geladen worden war, machte er sich am späten Nachmittag auf den Heimweg nach Salzuflen. Frodermann ahnte, dass er erst in der Dunkelheit seine Heimatstadt wieder erreichen würde. Auch das Wetter war schlecht und der Wind trieb dichte Regenböen vor sich her. Das war nicht sehr angenehm und auch die Wege waren schlecht und ausgefahren. Frodermann ließ die Pferde tüchtig ausgreifen und nach einiger Zeit sah er zu seiner Rechten den Hollenhagen auftauchen. Es begann nun schon dunkel zu werden. Die Erlen an der Vinnenbecke waren nur noch schemenhaft zu erkennen und aus den Salzwiesen an der Loose stiegen milchige Nebel auf. Plötzlich sah er im Dunst einen Wanderer auftauchen, der wie Frodermann der Stadt Salzuflen zustrebte. Der Mann trug einen langen schwarzen Mantel, der sich ganz um die dürre Gestalt legte. Wortlos, nur mit einem kurzen, mürrischen Wink bat der Mann, hinten auf dem Wagen aufsitzen zu dürfen. Frodermann nickte, denn es war noch eine gute Wegstunde bis zur Stadt. So trieb er seine Pferde wieder an, nachdem der Fremde hinten auf den Wagen gestiegen war. Das schwere Fuhrwerk rumpelte über Steine und durch ausgewaschene Rinnen. Bei jedem Stoß gab der Fremde seltsame, unwillig klingende Laute von sich. Sein Murren und Knurren wurde von Meile zu Meile lauter, bis er sich mit den übelsten Verwünschungen auf Wetter und Weg Luft zu machen versuchte. Inzwischen war der Regen stärker geworden und prasselte laut an die Wagenplane. Der Wind rüttelte an den Bäumen und das trockene Laub wirbelte wie dicker schwarzer Schnee zuhauf aus den Baumkronen. Als der Wagen in den Hohlweg oberhalb der Waldemeine einbog, war es bereits so dunkel, dass der Weg kaum noch zu erkennen war. Der Fremde hinten auf dem Wagen stöhnte und fluchte noch stärker als zuvor. Der alte Frodermann zog die Zügel straffer und duckte sich fester hinter die Plane, denn nun kam eine Wegstrecke, die den Salzufler Fuhrleuten nicht geheuer war. Am Wartturm sollten seit alten Tagen böse Kobolde ihr unheimliches Spiel treiben. Frodermann schreckte plötzlich zusammen. Es hörte sich an wie Kettengerassel, was da aus der Niederung heraufklang, und vom Turm her war es so, als heule ein Hund in der Nacht. Dem Fuhrmann lief es eiskalt über den Rücken. Erst vor kurzer Zeit hatte man in Schröders Krug vom großen Hund im Steinbecker Holz erzählt. Auch wurde von einer knöchernen Gespensterhand berichtet. Frodermann trieb die Pferde zu schnellerem Gang an und der Wagen rumpelte über Wurzeln und Steine vorwärts. Hinten auf dem Rücksitz fluchte der Fremde immer grässlicher. Der alte Fuhrmann blickte zum Vierenberg hinüber. Dort wallte dichter Nebel in dicken Schwaden über das Land. Frodermanns Blick erstarrte. Es war ihm, als griffe eine bleiche Knochenhand aus der Nebelwand nach ihm. Ganz deutlich sah er die langen, dürren Finger. Auch das klagende Geheul des Hundes schlug wieder an sein Ohr, doch jetzt war es viel näher als zuvor. Das Rasseln der Kette war jetzt ganz nahe hinter dem Wagen. Frodermann griff entsetzt zur Peitsche und schlug wild auf die Pferde ein. Nur schnell fort von hier. Das Gebell war nun ebenfalls ganz nahe hinter dem Wagen. Das Kettengerassel, die Flüche des Fremden, des Windes Stöhnen, das Hundegebell und das ängstliche Schnauben der Pferde vereinigten sich zu einem höllischen Konzert. Um den Wagen herum tobte und brauste es wie die wilde Jagd. Frodermann glaubte, einen Menschen zu erkennen, auf dessen Rücken ein riesiger schwarzer Hund hockte, der eine Kette hinter sich her schleppte. Heulend, stöhnend und fluchend rannte der Mensch mit dem Tier im Nacken den Hohlweg entlang, bis schließlich Dunkelheit und Unterholz beide verschlangen. Frodermann hatte endlich den Waldrand erreicht. Das höllische Spektakel blieb hinter ihm zurück und verklang mehr und mehr. Der Fuhrmann atmete erleichtert auf. Von Salzuflen her blinkten friedlich die Lichter der Häuser. Als sich Frodermann nach seinem Fahrgast umsah, war dieser verschwunden.

(nach Lanius 1982)

## Die Teufelsmühle auf dem Saalberg

Das dunkle Gemäuer der alten Mühle wird Tag und Nacht vom Wind umfegt. Besonders während der Raunächte, wenn die Winterstürme durch das Land fegen, schlägt der Teufel hier sein Lager auf. Immer dann, wenn er mit seinem Hexengefolge vom Drachenfels kommend auf dem Weg zum Blocksberg ist, macht er auf dem Saalberg Rast. Dann zucken die Blitze, kracht der Donner und Feuerfunken sprühen und erhellen die Nacht. Erscheint nun der Teufel mit seinem Gefolge dienstbarer Geister, wird ein Zelt für ihn aufgeschlagen, in dem er auf einem Thron Platz nimmt. Der Hochsitz wird links und rechts von zwei schrecklichen Drachen getragen und eine ohrenbetäubende Musik erschallt und untermalt das bunte Treiben. Auch ringsherum aus den Wäldern und Sümpfen steigen Irrlichter auf und die Luft ist erfüllt mit Jaulen und Heulen. Aus der Ferne betrachtet, könnte man meinen, der ganze Saalberg stehe in Flammen. Wehe dem Sterblichen, der sich in dieser Zeit auf den Hexenplatz wagt. Schnell ist es mit seinem Leben geschehen. Nur einmal hat es einer gewagt, den Berg zu besteigen und dort auch sein Haus zu errichten. Das war ein junger Müllersbursche, der eines Tages auf der Suche nach Arbeit über den Saalberg hergewandert kam. Er bemerkte, wie heftig der Wind dort oben wehte, und fasste den Plan, dort eine Mühle zu bauen, um diesen günstigen Umstand für seinen künftigen Broterwerb nutzen zu können. Der Wirt, dem er von seinem Vorhaben erzählte, wurde kreidebleich. Er berichtete dem Burschen, dass er lieber die Finger von diesem Plan lassen solle, da auf dem Berg der Leibhaftige umgehe. Der junge Mann lachte aber nur darüber und ließ sich nicht umstimmen. Er wolle dem Teufel und seiner Sippschaft schon die Stirn bieten und dem faulen Zauber ein Ende bereiten. Kurzerhand begann er mit dem Bau der Mühle und auch der Pfarrer konnte trotz Anrufung aller Heiligen nichts ausrichten. Der Müller entgegnete nur: „Ich habe ein reines Gewissen. Was will mir der Teufel dann anhaben? Außer dem Herrgott fürchte ich nichts auf dieser Welt." Der Pfarrer sah ein, dass der Müllersbursche fest entschlossen war, die Windmühle in Betrieb zu nehmen, und gab ihm folgenden Rat: „Versucht in Gottes Namen Euer Glück, aber bedenket, dass Ihr, wenn das Bauwerk fertiggestellt ist, es Gott weiht und ein Kreuz auf dem Berg errichtet. Dann könnt Ihr den Zauber bannen." Als nun im Herbst der Bau vollendet war, nahm sich der Müller diese Worte zu Herzen und ritzte noch zusätzlich heilige Zeichen in die Schwelle des Hauses. So fühlte er sich sicher und geborgen. Der Wind blies kräftig und stetig, sodass die Bauern schnell ihr geliefertes Korn als Mehl und Schrot abholen konnten. Dann brach die Zeit der Raunächte mit Sturm, Blitz und Donner heran und der Teufel mit seinen dunklen Gesellen erschien wie üblich auf dem Berg. Er wollte sich gerade niederlassen, da durchzuckte ihn ein Schlag und das Kreuz bannte ihn von dieser Stelle. Laut fluchend verharrte er über der Mühle, raste anschließend dreimal um die Bergkuppe herum und verschwand schließlich, einen mächtigen Feuerschweif hinter sich herziehend, in der Ferne. Solange das Kreuz auf dem Berg stand, hatte der Satan keine Macht und musste fortan während seiner Reise wutschnaubend über den Saalberg hinwegziehen.

Nachdem die Mühle nun in Betrieb war und guten Ertrag brachte, entschloss sich der Müller zu heiraten. Er konnte eine schöne Frau gewinnen und schon bald tobten Kinder auf dem Berg herum. Das wiederum trieb den Teufel zur Weißglut und er sann darüber nach, wie er es dem Müller heimzahlen könnte. Eine günstige Gelegenheit dazu bot sich ihm, weil sich der Müller für den Bau der Windmühle bei einem übelbeleumdeten Wucherer Geld geliehen hatte, das dieser nun kurzfristig zurückverlangte. Der Müller sah sich in größter Not, da er den geforderten Betrag nicht aufbringen konnte, und war damit schon fast in den Klauen des Satans. Der hatte sich als

Kaufmann verkleidet und warf sich dem Müller in den Weg, einen Beinbruch vortäuschend. Er jammerte lautstark und bat inständig um Hilfe. Dabei ließ er die Goldmünzen im Geldbeutel ordentlich klimpern. Der gutmütige Müller willigte schließlich ein und wollte ihn gerade Huckepack auf den Rücken nehmen, als er den Pferdefuß des Teufels bemerkte. Schnell schlug er ein Kreuz und augenblicklich fuhr der Teufel unter wüstem Fluchen und in eine stinkende Schwefelwolke eingehüllt davon.

Von diesem Missgeschick ließ sich der Teufel jedoch nicht lange abhalten. Er bemerkte, dass der Müller, der längst seine Schulden beglichen hatte und zu Wohlstand gekommen war, einem bösen Laster verfallen war. Er saß immer öfter im Wirtshaus in Sonneborn, sprach kräftig dem Alkohol zu und ließ seinen Knecht die Arbeit machen. Das war die Einladung an den Satan, noch einmal zu versuchen, den Müller zu überlisten. Er verwandelte sich in einen Fuhrmann und fuhr mit seinem Wagen voller Korn den Saalberg hinauf Richtung Mühle. In diesem Augenblick begegnete er dem Müller, der gerade aus dem Gasthaus kam, und fragte ihn, ob das der richtige Weg zur Mühle sei. Der Müller bejahte die Frage und wunderte sich ein wenig, weil er den Fuhrmann nicht kannte. Doch schließlich fuhren sie gemeinsam den Berg hinauf. Als sie fast oben waren, ließ der Teufel einen Stein vor das Wagenrad rollen, sodass dieses abrupt stoppte. „Da müssen wir wohl ein wenig nachhelfen", meinte der Teufel und zog aus seiner Tasche eine Flasche, die er, nachdem beide den Wagen wieder flottgemacht hatten, auch dem Müller anbot. Der zögerte nicht lange und nahm nichts ahnend einen kräftigen Schluck von dem Teufelsgebräu. Aber mit jedem Schluck gewann zunehmend das Böse Gewalt über ihn und er musste dem Satan zu Willen sein. Nach einer Weile erreichten sie schließlich das Mühlentor. Da ließ der Teufel so heftig die Peitsche knallen, dass die Pferde scheuten. Um nun das Losreißen zu verhindern, versuchte der Müller, sie anzubinden, fand jedoch in der Eile keinen Pfahl und warf das Seil kurzerhand um das Kreuz. Die Pferde zerrten jedoch so heftig, dass dieses umgerissen wurde. Damit war ein Hindernis, das den Saalberg vor dem Satansvolk schützte, aus dem Weg geräumt. Doch in das Haus konnte der Teufel nicht gehen, weil die Zeichen auf der Schwelle ihn daran hinderten. Wieder zog er seine Flasche heraus und ließ den Müller trinken. Auf diese Weise verflogen beim Müller die letzten Bedenken. Er lud einen Kornsack vom Wagen und trug ihn in die Mühle. Der Teufel aber sprang schnell auf den Sack und gelangte so über die Schwelle ins Haus. Nun waren Müller und Mühle dem Bösen schutzlos ausgeliefert. Der Satan triumphierte und wuchs zu einer stattlichen Größe heran. Blitz und Donner ließen das Bauwerk erbeben und dann schlugen die ersten Flammen hervor. Der Müller konnte sich in letzter Not noch ins Freie retten. „Du wirst mir kein zweites Mal meinen Tanzplatz nehmen", rief der Teufel höhnisch dem Müller nach. In diesem Augenblick fing auch das Wohnhaus Feuer. Die ganze Nacht brannte es weithin sichtbar, einem Fanal gleich, auf dem Saalberg und der Müller musste mit seiner Frau und den Kindern mit ansehen, wie alles, was er aufgebaut hatte, dem Erdboden gleichgemacht wurde. Zum Schluss war nur noch der Mühlenstumpf zu sehen. In den folgenden Jahren war alles wie zuvor. In den Raunächten erschien wieder regelmäßig der Teufel mit seinen Gesellen und feierte ausgelassene Feste, so, als ob es den Müller und die Mühle auf dem Saalberg nie gegeben hätte.

(nach Paetow 2004)

## Der Zwerg Anton

Es lebte hier einmal ein Mann, der sich viel Geld geliehen hatte, es aber nicht zurückzahlen konnte. Daraufhin zog er nun traurig und verzweifelt hinaus. Plötzlich stand ein Zwerg vor ihm und fragte ihn, was ihm fehle. Der Mann erzählte dem Zwerg die ganze Geschichte und dieser sagte schließlich, er solle nur mit ihm mitkommen. So gingen sie gemeinsam zum Stein in der Helle. Der Zwerg verschwand unter dem Stein, kam aber bald wieder hervor. In der Hand hatte er den Betrag Geldes, den der Mann seinen Gläubigern schuldete. Er sagte zu dem Mann: „Ich leihe dir das Geld. Aber nach einem Jahr am gleichen Tag und Stunde muss ich es wiederhaben. Dann komm hierher und rufe ‚Anton'. Dann komme ich und nehme es dir ab." Der Mann nahm das Geld und ging vergnügt nach Hause zurück. Nach Ablauf der Frist fand er sich wie besprochen wieder an dem Stein ein. Aber auf seine Rufe erhielt er zunächst keine Antwort. Schließlich kam ein anderer Zwerg aus dem Stein und sagte zu ihm: „Anton ist tot. Geh beruhigt heim. Das Geld kannst du behalten.

(nach Kuhn 1859 und Schwanold/Wiemann o.J.)

## Die Haferstraße in Lemgo

Als es bei der Belagerung der Stadt Lemgo im Jahr 1675 durch den Münster'schen Bischof Bernhard von Galen dessen Truppen nicht gelang, die Stadt zu erobern, wurden die Bürger Lemgos übermütig. Um den Bischof zu ärgern, schickten sie einen Ochsen vor das Tor in Richtung des bischöflichen Lagers. Der Ochse trug zwischen seinen Hörnern eine Tafel mit der Inschrift:

*„So wenig der Ochse kann lernen das Singen,*
*kann Bernhard von Galen Stadt Lemgo bezwingen."*

Darüber war der Bischof dermaßen erzürnt, dass er schwor, die Stadt zu zerstören und dem Erdboden gleichzumachen. Darauf wolle er dann Hafer säen. Schon bald wurden die Lemgoer für ihren Übermut bestraft: Die feindlichen Soldaten leiteten das Wasser der Bega ab und schlossen einen festen Ring um die Stadt, sodass es bald an Wasser und Nahrungsmitteln mangelte. Infolgedessen entstand eine große Hungersnot und so musste sich die Stadt schließlich dem Bischof ergeben. Der Bürgermeister und die Ratsherren erschienen im Büßergewand vor dem Bischof und flehten ihn um Gnade an. Dieser ließ sich erweichen und verzichtete auf die angedrohte Strafe. Um seinem Schwur aber Genüge zu tun, ließ er in der Stadt das Pflaster einer Straße aufreißen und mit Hafer einsäen. Diese Straße trägt noch heute den Namen Haferstraße.

(nach Schwanold/Wiemann)

## Sagen von Berndken van Golen

In dunkler Nacht geht der einsame Wanderer über die Heide. Die Lichter der Stadt sind hinter ihm schon längst verloschen. Das dürre Laub raschelt unter seinen Füßen und der Wind rauscht in den Wipfeln der Bäume, die wie stumme Wächter am Wegesrand stehen. Es naht die Geisterstunde, in der all diejenigen ruhelos umgehen, die wegen ihrer großen Missetaten keine Ruhe finden können. Da plötzlich taucht es aus dem Schatten der Nacht auf: Ein weißes Ross kommt eilig mit flatternder Mähne und wehendem Schweif aus dem Tal herauf. Dem Wanderer läuft es vor Schaudern eiskalt den Rücken herunter und er verharrt. Er kann nichts denken, nur leise, wie hingehaucht, kommen ihm die Worte von den Lippen: „Berndken van Golen, diu dois mui doch nicks!“ Dieser Zauber wirkt. So plötzlich, wie das Ross erschienen war, so schnell ist es nun verschwunden.

## Die alte Blomberger Wasserleitung

Blomberg liegt frei und schön auf dem Berg. Schon mancher ist den steilen Weinberg emporgeklettert und hat von dort aus weit ins Land geblickt. Nur einer wollte nicht in die Stadt einkehren, so gern ihn auch die Bürger bei sich gesehen hätten: der Bach, der tief im Tal vorbeifloss. „Wer bringt uns nur den Bach für uns und unser Vieh, zu aller Segen in Feuersnot und dürren Zeiten in die Stadt?“ So hat wohl mancher der ehrbaren Bürger und mancher der weisen Stadtväter gefragt. Aber eine Antwort haben sie alle nicht gefunden. Da waren einmal in dem alten Stadtgefängnis, dem blanken Turm, zwei Männer, tapfere, starke Gesellen, die die Freiheit über alles liebten und sich vor keiner Arbeit scheuten. Sie versprachen dem Rat, den Bach in die Stadt zu leiten, wenn sie dafür die Freiheit erhalten sollten. Diese wurde ihnen gern versprochen. Und nun ging es ans Werk. Wohl eine gute

Meile von der Stadt, im braunen Kampe, quoll eine lustige Quelle, die ganz Blomberg hätte mit Wasser versorgen können, wenn ihr Bach nicht abseits der Stadt durch Tal und Grund geflossen wäre. Doch die beiden Gefangenen, Hux und Wiehe mit Namen, wussten Rat. Mit viel Mühe, Fleiß und Ausdauer gruben sie einen starken und festen Graben von der Quelle an, die Hänge entlang bis zur Stadt, indem sie das Quellwasser auffingen und fortleiteten. In einem Teich, dem Schützenteich, wurde es schließlich gesammelt. Bei Feuersbrünsten wurde der Teich dann abgelassen und das Wasser floss durch die Straßen. Das Wasser aus dem Teich musste auch eine Mühle treiben, die Donnermühle. Die ganze Wasserleitung aber wurde nach den beiden Gefangenen die Huxwiehe oder Huxwiede genannt. Jeden Herbst musste der Graben zur Instandhaltung ausgeschlagen werden. Dazu hatte jeder Bürger einen Mann zu stellen. War die Zeit gekommen, schritt der alte Stadtdiener bedächtig durch die Gassen und rief: „Hallo, hallo, in die Huxwiehe, in die Huxwiehe!" Und alle Bürger folgten. Und das war gut. So haben die Blomberger ihre Wasserleitung und die Gefangenen ihre Freiheit erhalten.

(nach Schwanold/Wiemann)

## Im seligen Winkel

Ein Blomberger Stadtteil heißt „Im seligen Winkel". Woher stammt nun dieser merkwürdige und auch schöne Name? Eine gar unselige Tat bildet den Anfang der Geschichte des „seligen Winkels". Eine arme Frau, Adelheid mit Namen, wollte das Glück in ihr Haus bannen, indem sie eine geweihte Hostie stahl und bei sich aufbewahrte. Doch der Diebstahl wurde entdeckt, und die unglückliche Adelheid warf die Hostie in einen Brunnen. Zur Strafe für diesen Frevel musste sie ihr Leben lassen. Der Brunnen aber war von dieser Stunde an ein Wunderbrunnen. Eine alte Frau, die hineinfiel, kam als junges, frisches Mädchen wieder heraus. Kranke, die von dem Wasser tranken oder sich in ihm badeten, wurden gesund, mit welcher Seuche sie auch behaftet waren. So wurde denn der Brunnen ein Wallfahrtsort, ein „seliger Winkel", der vielen Menschen Glück brachte. Eine Kapelle wurde später über ihm erbaut, und selbst der Papst in Rom kannte ihn. Pilger ließen reiche Gaben zurück, aus denen bald ein Kloster errichtet werden konnte. Rasch blühte es auf, um später aber genauso schnell wieder zu verfallen. Nur die alte Klosterkirche „Im seligen Winkel" steht noch bis auf den heutigen Tag.

(nach Schwanold/Wiemann)

## Die Blomberger Langohren und die Blomberger Laterne

In einem dürren Sommer, als das Viehfutter recht knapp wurde, entdeckte einst ein Bürger, dass oben an der Stadtmauer ein paar Büschel langen Grases wuchsen. Kurz entschlossen holte er seinen Esel aus dem Stall, band ihm einen langen Strick um den Hals, rief ein paar handfeste Nachbarn, ließ sie auf einer Leiter die Mauer übersteigen, warf ihnen den Strick zu und ließ seinen braven Esel emporziehen. Als dieser oben ankam, ließ er die Zunge weit aus dem Halse hängen. Erfreut rief unten ein Mann: „Nu isset heau neaug, heu licket oll!“ Sie hielten mit aller Anstrengung den schweren Esel noch ein Weilchen fest. Dann ließen sie ihn wieder herunter, doch das arme Langohr war tot. Seine merkwürdige Geschichte lebte fort und seinen Namen vererbte er allen Blombergern.

(nach Kuhn 1859)

## Der Nesselberg

Vor sehr langer Zeit stand am Fuß des Berges ein kleines Haus, in dem ein Bauer, dem der Berg gehörte, mit seinem Sohn wohnte. Der Bauer und auch sein Sohn waren rechtschaffene, fleißige Leute, die immer guter Dinge waren, bis zu dem Tag, an dem der Bauernsohn die Waldfee sah. Der Junge wurde zu einem Träumer, der kaum noch etwas zustande brachte. Das hatte folgenden Hintergrund: Oben auf dem Berg zwischen den Bäumen lag eine Waldwiese, die der Bauernbursche besonders liebte. Hier ruhte er sich gern am Sonntagnachmittag im Gras aus, denn er lag weich und bequem, der Wind spielte leise in den Wipfeln der Bäume und die Sonne schien ihm warm auf den Rücken. Oftmals schlief er dabei ein, doch wenn die Sonne verschwand und die Luft kühler wurde, erwachte er gleich und ging heim.

An einem Sonntag im Frühling war er ganz besonders müde und kaum hatte er sich im Gras ausgestreckt, schlief er auch schon ein. Er schlief und schlief und wachte erst auf, als der Mond ihm hell ins Gesicht schien. Doch eigentlich war er durch ein sonderbares Geräusch wach geworden. Es war ein leises Rauschen und Rascheln um ihn herum, wie von tanzenden Füßen. Was er nun sah, machte ihn sofort munter. Auf der Wiese tanzte die Waldfee im blassen Mondschein. In ihren Händen hielt sie lange, durchsichtige Schleier, wie aus zartem Nebel gewoben. So drehte und wiegte sie sich immerfort. Dabei bewegten sich ihre Füße im Takt der Melodie, die die Bäume leise spielten. Der Bauernsohn lag staunend und stumm da und wagte es nicht, sich zu rühren. Die Waldfee hatte ihn nicht bemerkt und tanzte so lange, wie der Mond schien, dann verschwand sie und auch der Bauernsohn ging nach Hause.

Am nächsten Morgen wollte der Bursche wie sonst auch an seine Arbeit gehen. Es ging ihm jedoch nichts von der Hand, so sehr er sich auch mühte, denn seine Gedanken waren immer noch bei der Waldfee. Je näher der Abend kam, umso mehr wuchs seine Unruhe. Als der Mond schließlich aufgegangen war, schlich er wieder auf den Berg in den Wald. Doch er wartete vergebens, die Waldfee kam nicht. An den folgenden Abenden erging es ihm nicht anders, denn die Waldfee tanzte nur bei Vollmond. Das wusste der Junge aber nicht und er wurde zusehends trauriger, weil er sie nicht sah. Er musste den ganzen Tag an sie denken und nachts konnte er vor lauter Gedanken und Sehnsucht nicht schlafen. Seinem Vater war das seltsame Verhalten seines Sohnes aufgefallen und er machte sich seine Gedanken.

Als nun eines Abends der Vollmond wieder schien und der Sohn sich erneut auf den Weg zur Wiese machte, schlich ihm sein Vater heimlich nach. An diesem Abend tanzte die Fee wieder und dieses Mal entdeckte sie den Jungen. Sie sah ihn mit ihren dunklen Augen an und sagte: „Siehst du mich gerne tanzen?" Darauf antwortete er: „Du tanzt so schön, dass keiner dir widerstehen kann. Und käme selbst ein König, der die besten Tänzerinnen der Welt gesehen hätte, sähe er dich, so würde er nur dich lieben und ewig Sehnsucht haben, dich tanzen zu sehen." „Du bist mir lieber als der reichste König, denn du hast gute Augen und ein treues Herz. Du wirst mich nicht verraten. Immer wenn der Vollmond scheint, bin ich hier und tanze. Ich erlaube dir zu kommen, nur darfst du niemand davon etwas sagen." Dieses Gespräch hatte der alte Bauer mit angehört und weil er die Träumer nicht leiden konnte, beschloss er, der Fee einen Streich zu spielen.

Am darauffolgenden Tag schickte der Bauer seinen Sohn in die Stadt. Er selbst grub derweil die Waldwiese um und pflanzte Brennnesseln und Disteln darauf. Es dauerte nicht lange und das grüne Gras war verschwunden und nur struppiges Unkraut bedeckte den Boden. Als nun die Waldfee beim nächsten Vollmond wiederkam und tanzte, verbrannte sie sich ihre Füße an den Nesseln und die Schleier zerrissen an den Disteln. Fortan kam sie nie wieder. Die Nesseln wuchsen und wucherten so stark, dass schließlich alle anderen Pflanzen und Bäume auf dem Berg verdorrten. Der Bauernsohn aber konnte die Fee nicht vergessen und wurde immer trauriger. Der Bauer wurde später von den Leuten der Nesselbauer genannt und der Berg der Nesselberg. Als der Bauer und sein Sohn gestorben waren, vergingen die Nesseln wieder und Eichen und Buchen gediehen wie früher. Vielleicht ist ja auch die Waldfee zurückgekommen. Ein Besuch dort bei Vollmond könnte dies zeigen.

(nach Schwanold/Wiemann)

## Die Mossenberger Kapelle

Um die Kapelle in Wöhren scheint es über lange Zeit heftige Auseinandersetzungen zwischen den Mossenbergern und Wöhrenern gegeben zu haben. Davon – und von noch mehr – geht es in den folgenden drei lehrreichen Geschichten, die auch von der Klugheit der Bürger zeugen:

Wenn in Mossenberg oder Wöhren einer starb, wurde in der Kapelle von Wöhren geläutet. Die Mossenberger aber wollten die Kapelle im eigenen Dorf haben, da sie das Geläut nicht mehr hören konnten. Sie beschlossen also in mehreren Versammlungen, die Kapelle nach Mossenberg zu holen. Aber wie? Sie wegzutragen oder wegzufahren, trauten die Leute sich nicht zu. Aber wenn man das Häuschen vorsichtig rollte, das musste glücken. Aus dem ganzen lippischen Lande wurden Erbsen gesammelt, Sack um Sack, und zwischen Wöhren und Mossenberg ausgestreut. Wie lachten die Wöhrener und schmausten die Tauben! Die Mossenberger aber bestellten all ihre Freunde von nah und fern, stellten sich dicht gedrängt hinter die Kapelle und schoben, was das Zeug hielt. Das gab ein Getümmel, Gedränge und Geschrei. Die dicksten Bauern standen der Kapelle am nächsten und wurden wie in einem Kuchen zusammengedrückt. Aber die Kapelle rührte sich nicht. Die hintersten meinten nun, als nach vorn etwas Platz wurde, die Kapelle rolle weiter, und drückten immer mehr, zumal sie das Geschrei als Ausdruck des Jubels und der Freude verstanden. Endlich gelang es einem Boten, nach hinten zu kommen und den Leuten Einhalt zu gebieten. Fünfzig Mossenberger aber waren zu Mus zerquetscht. Nie wieder haben die Mossenberger versucht, eine Kapelle auf Erbsen zu rollen.

## Die feurigen Rosen

Am Fuß des Kirchberges bei Lügde wuchsen einmal in einer Nacht drei feurige Rosen. Sie blühten nur für eine Stunde und verschwanden so plötzlich, wie sie gekommen waren. Die Leute in Lügde aber sahen die leuchtenden Rosen. Sie konnte sich dieses nicht erklären und fürchteten sich sehr. Da nun aber diese Erscheinung Nacht für Nacht wieder zu sehen war, wurden sie schließlich mutiger und gruben an einem Morgen an der Stelle, wo die Rosen in der Nacht geleuchtet hatten. Tief im Boden fanden sie ein Marienbild aus Stein. Sie sahen dies als einen Wink Gottes und errichteten an der Stelle eine Kirche. In eine Außennische der Kirche stellten sie dann das gefundene Marienbild. Hier hat es lange gestanden, bis vor etwa zweihundert Jahren das Marienbild plötzlich verschwunden war. Da nahmen die Lügder Bürger ein Standbild des heiligen Kilian, das bislang als Schutzpatron über dem Stadttor von

*Die Kilianskirche in Lügde.*

Lügde stand, und setzten es in die Nische an der Kirche. Dort ist das Standbild heute noch zu sehen und der heilige Kilian hält mit Krummstab und Schwert Wacht über die altehrwürdige Kirche.

(nach Seiler 1848)

## Der Kampf der Toten

Auf einem Berg bei Pyrmont, der heute „Hünenburg" genannt wird, wohnte vor langer Zeit einmal ein mächtiger Hünenkönig in seinem festen Schloss. Wenn er von seinem Turm ringsherum ins Land blickte, stellte er fest, dass alles, was er sah und noch darüber hinaus, ihm gehörte. In seiner Burg hütete er jedoch einen wunderbaren Schatz, der kostbarer war als alles Gold und Gut. Das war seine Tochter Ilda, die von ganz besonderer Schönheit und Anmut war. Der Hünenkönig behütete sie mit großer Sorgfalt, sodass kaum jemand ihr Antlitz schauen konnte. Aber dennoch war die Kunde von diesem Kleinod ins Land gedrungen und es machten sich viele Freier auf, um ihre Gunst und Hand zu werben. Der König hatte jedoch geschworen, sie niemandem zu geben, der ihn nicht vorher im Zweikampf besiegt hatte. Er wusste, dass dieses keinem gelingen würde, zumal, so wie Ilda die schönste Frau weit und breit war, er als der stärkste Kämpfer galt. Ob es jemals also einer versucht hat, ist nicht bekannt. Nun fasste aber eines Tages ein Ritter den Entschluss, das Wagnis einzugehen, und tat ein Gelübde, nicht eher ruhen zu wollen, bis er die schöne Ilda für sich gewonnen hat.

In dieser Zeit rüstete sich der alte Hünenkönig, um mit seinem Heer einem befreundeten König zu Hilfe zu kommen, da dessen Reich in Gefahr war. So zog er mit den Besten seines Reiches, an die sechzigtausend Mann, gut mit Waffen und Gerät ausgestattet, ins Feld. Ein stattlicheres Heer hatte wohl niemand zuvor gesehen. Auch der treue Freier Ildas sah die gewaltige Streitmacht und hörte von dem Versprechen des Hünenkönigs, seinem Freund beizustehen, koste es, was es wolle, selbst wenn dabei sein eigenes Land leer von Männern und schutzlos sei. Diese Gelegenheit wollte nun der Freier nutzen, seine holde Ilda für sich zu gewinnen. Er rüstete in großer Eile ein eigenes Heer aus, für welches er alle Vasallen und Reisigen aufbot, über die er verfügen konnte. Schließlich war alles für die kühne Brautfahrt bereit und der Ritter zog an einem hellen Sommermorgen mit den Seinigen voller Zuversicht zur Hünenburg. Sie verbargen sich bis zum Abend in der Nähe und verließen erst ihr Versteck, als es dunkel wurde. Leise und vorsichtig gelang es ihnen, die Burg einzuschließen, aber es stand noch ein schwerer Kampf mit den Burgmannen aus, die der Alte zum Schutz dort gelassen hatte. Der Kampf dauerte nun schon viele Stunden und viele der Getreuen des Ritters waren schon gefallen, da spornte plötzlich der Ritter mit wilder Entschlossenheit sein Ross an und sprengte durch den Pfeilhagel der Verteidiger auf das Burgtor zu. Er schwang seine Streitaxt und ließ einen gewaltigen Schlag auf das Tor nieder, sodass die Türflügel unter der Wucht zerbrachen. Mit lautem Siegesgeschrei stürmte er mit den Seinen durch die Öffnung, alles und alle erschlagend, die sich ihnen in den Weg stellten. So nahmen sie Raum für Raum der Burg ein und gelangten endlich zu den Gemächern, in denen sich Ilda mit ihren Zofen aufhielt. Plötzlich quollen ihnen dichter Rauch und lodernde Flammen entgegen. Der mutige Ritter sprengte vorwärts und gewahrte eine in Feuer und Rauch gehüllte Frau, die dem Erstickungstod nahe war. Es war die schöne Ilda selbst, die, nachdem ihre Zofen geflohen waren, noch einige Kostbarkeiten vor den Flammen retten wollte. Sie wurde schließlich vom Feuer umschlossen und rief händeringend um Hilfe. Der Ritter sprang durch die lodernden Flammen, ergriff die Unglückliche und trug sie auf seinen starken Armen aus dem Feuer. Sie lag nun ohnmächtig in den Armen des Ritters, doch war sie unverletzt. Ihr Herz klopfte schnell und laut, als der Ritter die Jungfrau aus der brennenden Burg brachte. Die aufgehende Sonne bestrahlte in einem wunderschönen

Schein ihre blassen Wangen. Rasch ging nun die Fahrt zum Ufer des großen Meeres. Dort bestiegen sie die wartenden Schiffe und fuhren zu einer fernen Insel, wo der treue Ritter seine Burg hatte.

Als der Hünenkönig fern der Heimat diese Geschichte hörte, kehrte er eiligst zurück, um den Raub seiner Tochter zu rächen. Doch er kam zu spät und brachte auch nur noch ein Viertel seiner Männer aus der Schlacht in den Südlanden zurück. Mit diesen wenigen Getreuen schiffte er sich ein und fuhr zur Insel des Ritters. Mit aller Wut rannten er und seine Männer gegen die Mauern der Burg an, doch vergebens. Nach einem Tag lagen hundert Tote beim Anbruch der Nacht vor der Festung. Am nächsten Morgen stand Ilda auf der Burgmauer und rief Worte des Friedens und der Versöhnung ihrem Vater zu. Doch der Alte blieb unbeugsam und wollte von alldem nichts wissen. Da änderte Ilda ihre bisherigen Bestrebungen und spornte nun die Verteidiger der Burg zu neuen Taten an. Wieder wogte der Kampf einen Tag hin und her. Einen Sieger gab es am Ende wieder nicht und wieder lagen hundert Tote vor den Mauern. Als es nun Mitternacht wurde, begann Ilda, dunkle, zaubergewaltige Lieder zu singen, sodass die Toten sich aufrichteten und bis zum Morgengrauen kämpften. So wiederholte es sich Nacht für Nacht und bald war kein Lebendiger mehr auf der Insel. Nur die Toten stritten noch gegeneinander. Diejenigen, die dieses gesehen haben, sagen, dass das so noch bis zum Jüngsten Tag dauern wird.

(nach Seiler 1848)

## Das Schwalenberger Stadtwasser

Als Graf Volkwin die Stadt Schwalenberg gegründet hatte, musste er feststellen, dass es dort an Wasser mangelte. Etwa eine halbe Stunde von der Stadt entfernt sprudelte am Fuße des Mört eine klare Quelle aus dem Boden hervor. Stadt und Quelle trennte jedoch ein tiefes Tal und niemand verstand es, das Wasser durch das Tal hin durch in die Stadt zu leiten. Nun sann der Graf nach einer Lösung für das Problem. Auf seiner Burg hatte er zwei Gefangene im Verließ sitzen, die auf ihre Strafe für einen schweren Mord warteten. Er versprach ihnen Straferlass und die Freiheit, wenn es ihnen gelänge, das Wasser der Quelle zur Stadt zu leiten. Die beiden Gefangenen nahmen das Angebot an und schritten unverzüglich zur Tat. In einem weiten Bogen leiteten sie das Wasser am Fuß der Berge entlang zur Stadt. Nachdem ihnen das geglückt war, schenkte ihnen Graf Volkwin nicht nur die Freiheit, sondern auch noch acht Hufen gutes Ackerland.

(nach Schwanold/Wiemann o.J.)

Die Burg Schwalenberg.

## Die Herlingsburg bei Schieder

Auf der Burg lebten einst zwei Brüder, die, ihren Göttern treu ergeben, tapfer gegen den christlichen Frankenkönig Karl kämpften. Im Kampf gegen die Eindringlinge waren sie zwar vereint, im Herzen jedoch trennte sie ein unerbittlicher Hass gegeneinander. Der Grund für diese Rivalität war ein schönes Sachsenmädchen, das sie beide sehr lieb hatten und begehrten. Die Liebe zu dem Mädchen hatte sie zu Todfeinden gemacht. Während eines Heerzuges gegen die Sachsen belagerte Karl der Große nun die Skidrioburg und konnte sie lange nicht einnehmen, weil sie so fest gebaut und tapfer von den Sachsen verteidigt wurde. Als nun das Weihnachtsfest nahte, ließ der König die beiden Brüder einladen, mit ihm gemeinsam Weihnachten zu feiern. Sie kamen der Einladung nach und hörten zum ersten Mal die frohe Botschaft von der Geburt des Heilands und von der Liebe Gottes. Dadurch wurde ihr Herz so ergriffen, dass sie sich versöhnten und auch den Kampf gegen Karl und den christlichen Glauben aufgaben.

(nach Schwanold/Wiemann)

# Kreis Paderborn

## Einleitung

In Deutschland und wahrscheinlich auch anderswo auf der Welt, kann man Paderborn und die Paderborner nur dann verstehen, wenn man die Geschichte der Stadt kennt. Der Besuch des Papstes im Jahr 799 hob die Stadt Paderborn unvermittelt aus dem Dunkel des Mittelalters auf die Weltbühne. Die nächsten Jahre verliefen recht lebhaft und geschäftig, sodass Paderborn eine gewisse Bedeutung gewann. Im weiteren Verlauf des Mittelalters „schlief" die Stadt dann wieder völlig ein und auch die Mitgliedschaft in der Hanse brachte keine echte neue Blüte. Erst die Gegenreformation im 17. Jahrhundert bescherte Paderborn neues Leben und einen großen Teil seiner heute markanten Bauwerke. Dann jedoch wurde es wieder zur tiefsten Provinz und blieb es bis zur Mitte des 20. Jahrhunderts. Provinz bedeutet im Fall von Paderborn: eine fast ausschließlich von der katholischen Kirche und der Landwirtschaft geprägte Region mit einer „natürlich" konservativen Grundhaltung. So wurde denn auch der Spruch „Schwarz, Münster, Paderborn" geprägt. Mit der Gründung der Universität wandelte sich das Bild jedoch wieder.

Zur älteren Stadtgeschichte ist festzuhalten, dass es bereits in vorgeschichtlicher Zeit Siedlungen an den Quellen der Pader gab. Wirkliche Bedeutung erlangte Paderborn aber erst im 8. Jahrhundert, als Karl der Große hier im Jahr 777 den ersten fränkischen Reichstag auf sächsischem Boden abhielt. Im Jahr 799 traf Karl der Große in seiner Paderborner Pfalz mit Papst Leo III. zusammen, der mehr oder weniger freiwillig aus Rom gekommenen war. Dieses Treffen leitete die Wiederherstellung des weströmischen Kaisertums ein – im Jahr darauf wurde Karl der Große in Rom zum Kaiser gekrönt. 836 überführte man die Gebeine des heiligen Liborius von Le Mans nach Paderborn, was die älteste Städtefreundschaft in Europa begründete. Das Fest des heiligen Liborius ist heute eines der größten Stadtfeste in der Region, zu dem viele Besucher nach Paderborn strömen. Im 11. Jahrhundert kam Paderborn zu hoher Blüte. Bischof Meinwerk, ein Verwandter Heinrichs II., baute den Dom, die ottonische Königspfalz, das Benediktinerkloster Abdinghof, das Kanonikerstift Busdorf und einen Bischofspalast. Paderborn wurde Festtagspfalz der Herrscher, in der Heinrich auch seine Frau Kunigunde krönte.

## Das versteinerte Brot

Vor langer Zeit lebte in einem kleinen Häuschen in Paderborn eine arme Witwe, die ihre Kinder mit Waschen und Weben ernährte, seitdem ihr Mann verstorben war. Als aber eine böse Krankheit ihre Kleinen befiel, konnte sie ihrer Arbeit nicht mehr nachgehen und geriet daraufhin in Not. Eines Tages hatte sie keine Schnitte Brot mehr im Hause. Da ging sie eilends zu einer Bäuerin vor dem Tor, die reiche Wiesen und Äcker und zahlreiches Vieh hatte und bat sie um ein Brot.

„Ich habe selbst kein Brot im Hause", log die Bäuerin. Als die arme Mutter aber weiterhin inständig für ihre hungernden Kinder um Essen bat, schwor die hartherzige Bäuerin: „Wenn ich noch Brot in meinem Schranke hätte, so sollte es zu Stein werden!" Weinend und klagend verließ die arme Frau den Hof. Als sie nun an einem Kreuzbild vor der Stadt vorüberkam, kniete sie vor dem Stein nieder und gab ihre Not dem Geschick des Gekreuzigten. In dem Moment als sie sich erhob wurde der Stein zu einem frischen, braunen, duftenden Brot. Sie dankte voller Freude, nahm das Brot in ihre Schürze und eilte voller Freude nach Hause. Dort schnitt sie den Kindern Laibe des Brotes ab, gab sie ihnen und sie genasen von ihrer Krankheit.

Der unbarmherzigen Bäuerin aber geschah Folgendes: Als sie zum Essen wie gewohnt das Brot aus dem Küchenschrank nehmen wollte, um es mit fetter Butter bestrichen ihrem Mann und den Kindern vorzusetzen, fasste sie an einen eiskalten, harten Stein. In diesem Augenblick erkannte sie, dass ihr gegebenes Wort in Erfüllung gegangen war. Vor lauter Schreck wurde sie vom Schlag getroffen, fiel um und war auf der Stelle tot.

(nach Pöhler 1986)

## Der Brunnen im Dom

Im Dom zu Paderborn quillt ein tiefer, kühler Brunnen. Kein Fremder, der sich den alten Dom zeigen lässt, versäumt es, diesen Brunnen zu sehen, denn an ihn knüpft sich eine altertümliche Sage, welche der letztverstorbene Domküster folgendermaßen erzählte:

Da unten ruhen Schätze von Gold und Edelsteinen, die mehr wert sind als das ganze Paderborn'sche Land, aber niemand vermag sie zu heben, denn ein schwerer Bann hält sie von alten Zeiten her gefangen. Nur über eins hat der böse Zauber keine Macht, und das ist ein steinernes Muttergottesbild. Jeder, der das rechte Wort und die rechte Zeit weiß, kann das Bild heraufholen. Und wem es gelingt, der hat das größte Kleinod von der Welt in seinem Besitze. Sobald nämlich das Wunderbild aus dem

*Der Paderborner Dom.*

Brunnen erhoben ist, werden das Haus, die Stadt und das Land, wo es sich befindet, mit allem nur erdenklichen Glück gesegnet werden.

Ein alter Bischof, dessen Namen ich nun gerade nicht zu nennen weiß, hatte auch von dem Marienbilde sagen hören, und je mehr er der Sache nachdachte, desto heftiger ward sein Verlangen, in den Besitz des beglückenden Bildes zu gelangen. Alle Bücher, in denen etwas von Zauberei, Schätzegraben, Geisterbeschwören vorkam, las er durch, aber nirgend fand er etwas von den Schätzen des Brunnens und wie sie erhoben werden könnten. Darüber ward er ganz missmutig und krank und mancher der Domherren freute sich schon im Stillen in der Hoffnung, bald des wankenden Prälaten Nachfolger zu werden. Da stellte sich plötzlich ein Mann bei dem Bischof ein, der versprach, das Bild aus dem Brunnen heraufzuholen. Mit Entzücken rief der Bischof: „Und was, mein Freund, verlangst du für so einen großen Dienst?"

„Nichts, als dass ihr mir vergönnt, in dem von der Mutter Gottes gesegneten Lande wohnen zu dürfen." Nicht allein das sagte der Bischof dem bescheidenen Manne zu, sondern auch, dass er – der Fremde – der nächste am bischöflichen Stuhle sein und Reichtum und alles in Fülle haben solle. Der Mann bat um drei Tage Vorbereitungszeit, dann wolle er sein schweres Werk beginnen. Am dritten Tage ging er mit dem Bischofe, der nun alle seine Munterkeit wiedererlangt hatte, in den Dom und schloss sich ganz allein mit ihm ein. Gerade als es Mittag war, stellten sie sich an den Rand des Brunnens und der Fremde fing an, nachdem er dem Bischof das größte Stillschweigen auferlegt hatte, aus einem alten großen Buche halblaut zu lesen. Das dauerte lange. Darauf nahm er etwas wie ein graues Pulver, streute es in den Brunnen und rief dazu mit lauter Stimme:

*Geister im Brunnen,*
*Ich hab' begunnen*
*Euch zu beschwören;*
*Mich sollt ihr hören!*

Dann las er wieder in dem großen Buche eine Weile, doch nicht so lange als das erste Mal, warf wieder von dem Pulver in den Brunnen hinab und rief:

*Geister der Tiefen,*
*Die unten schliefen,*
*Weichet zurücke*
*Vor meinem Blicke!*

Wieder las er im Buche, wieder warf er das Staubpulver hinab, wieder rief er, indem er zugleich mit einem Spiegel und Ringe über dem Brunnen wunderliche Zeichen beschrieb:

*Geister der Wellen,*
*Bringt es zum Hellen,*
*Was ihr da unten in feuchter Nacht*
*Lange bewacht,*
*Alle die Schätze, alle die Pracht!*
*Hört! Ich beruf' euch bei Nostradamus' Spiegel;*
*Hört! Ich beschwör' euch bei Salomons Siegel,*
*Das da eröffnet der Hölle Riegel!*
*Hört! – Hört! – Hört!*

Der Bischof, welcher zufällig einen Blick in den Spiegel warf, sah, wie sich plötzlich ungeheure Gestalten in demselben zu regen begannen; sie wanden und ballten und bäumten sich. Und wie die Geister im Zauberspiegel, so bewegte sich das Wasser im Brunnen. Es zischte und schäumte und gährte, dass dem Bischof innerlich graute. Doch nach und nach ward es ruhiger im Spiegel und stiller in der Tiefe, die Bilder verblassten, das Wasser sank. Endlich war es ganz trocken im Brunnen und eine Treppe wurde sichtbar, die auf vielen Stufen hinabführte. „Harret meiner nur eine kleine Weile", sagte der Zauberer zum alten Bischofe, „sogleich bin ich mit dem heiligen Bilde wieder bei Euch." Darauf stieg er die Treppe hinunter und verschwand am Ende durch eine kleine Tür unten im Brunnen.

Es dauerte gar nicht lange so kam er zurück und trug das schwere Steinbild, das ganz grau und verwittert aussah, auf seiner Schulter. So wie er heraufstieg kam das Wasser langsam hinter ihm her, und als er oben war, stand es gerade wieder so hoch im Brunnen wie vor der Beschwörung. Ein unbeschreiblich angenehmer Duft ging von dem Muttergottesbilde aus, welches der Bischof sogleich mit eigenen Händen auf den Hochaltar stellte. Darauf fragte er den Fremden: „Sahest du denn sonst nichts, mein Sohn, von den köstlichen Schätzen, welche der Abgrund da verbirgt?" Und der Fremde fing an zu erzählen von der Tiefe, wo Paläste von Gold und Burgen von Perlen stehen, wo in duftenden Gärten Demantblumen blühen, wo in Bächen edler Wein über Rubinfelsen rinnt, wo die größten Kostbarkeiten, Bergen gleich, aufgehäuft liegen. „Aber alles", fügte er hinzu, „ruht unter so schwerem Geisterbanne, dass es dem, der die Hand danach ausstreckt, unfehlbares Verderben bringt."

„So ist mir's doch also vergönnt, diese Wunder wenigstens zu sehen und anzustaunen", fiel der Bischof ein, „und darum will ich hinab!" Es half nicht das geringste, dass der Zauberer ihm die großen Gefahren, mit denen das Unternehmen verbunden sei, vorstellte, dass er ihn bat, dass er mit Tränen zu ihm flehte, sein Leben, seiner Seele Heil nicht so aufs Spiel zu setzen. Der Betörte blieb bei seinem Verlangen und der Fremde musste die Beschwörung zum zweiten Male beginnen. Wild brausete das Wasser, wütend wanden sich die Geister, erzürnt über das doppelte Weh. Aber der Bischof war verblendet und stieg hastig hinab. Als er durch die kleine Tür ging, trat er in ein Tal, welches wie von rosigem Morgenrot umflossen lag. Wohlgerüche, ähnlich denen, die das Steinbild ausgeströmt, drangen von tausend Blumenbeeten ihm entgegen, während laue Winde ihm Stirn und Schläfen kühlten. Am meisten wunderte er sich über die große Helle, die allenthalben war, da er sich doch tief unter der Erde befand. Jedoch bald merkte er, dass dieses Licht von sieben Schlössern ausging, welche vom lautersten Golde in dem Zaubertale erbaut und mit Smaragden und Perlen gedeckt waren. Eilig wollte er auf das erste derselben zugehen, da nickte ihm eine Rose mit so wollüstig süßem Duft entgegen, dass er sich nimmer enthalten konnte, sie zu brechen und den Wohlgeruch gierig einzusaugen. Aber in dem Augenblicke hörte er die kleine eiserne Tür dröhnend zufallen – und die schwärzeste Nacht umgab ihn. Zugleich hörte er das Wasser im Brunnen brausen und steigen und an seinen Ort zurückkehren.

Der alte Bischof ist nie wieder zum Vorschein gekommen, ebenso wenig der fremde Zauberer und das steinerne Marienbild. Ob das letztere in den Brunnen wieder hinabgestiegen oder ob der Fremde mit ihm ungesehen entkommen ist, das kann niemand sagen.

(nach Seiler 1848)

## Der Mönch im Fegefeuer

Vor vielen Jahren, als im Kloster Abdinghof zu Paderborn noch Benediktinermönche waren, brach einmal Feuer in den Zellen aus. Erst versuchte man zwar, den Flammen Einhalt zu tun, als die Brüder aber sahen, dass trotz aller Arbeit die Lohe immer größer ward, flohen sie eilig die Treppe hinab, um dem Feuertode zu entgehen. Keiner hatte der Gelübde gedacht, welche ihnen verboten, die Klausur, außer an bestimmten Tagen, eigenmächtig zu verlassen. Nur einer, der Bruder Hildegrim, blieb treu seinem Eide; unter brünstigen saß er in seiner Zelle und achtete es nicht, wie die Glut jeden Augenblick näherkam, achtete nicht der unerträglichen Hitze, die ihn bald zu ersticken drohte. Unterdessen eilten die andern dem Klostergarten zu. Schon schlug ihnen frische, erquickende Luft entgegen, schon waren sie den schattigen Laubengängen nahe. Da – stürzte das steinerne Türgesims, von der ungeheuren Hitze gesprengt, über ihnen zusammen und begrub sie, zwanzig an der Zahl, unter seinen rauchenden Trümmern. Als aber die Leute nachher den Schutt wegräumten und sich anschickten, das Kloster wiederherzustellen, da fanden sie die Zelle des Bruders Hildegrim völlig unversehrt vom Feuer und ihn selbst noch immer kniend im Gebete. Für die neu eintretenden Mönche ward Hildegrim der erste Abt und starb lange nachher im Rufe der Heiligkeit.

(nach Seiler 1848)

*Die Abdinghofkirche in Paderborn.* ►

# Die Nachtmahre

An der Lippe in der Nähe von Paderborn wohnte einst ein junger Bauer, der oft des Nachts von einer Nachtmahre in Angst versetzt wurde, da sie sich ihm auf die Brust legte. So klagte er denn seiner alten Mutter, die mit ihm im Haus lebte, sein Leid. Er erzählte ihr, dass er die Nachtmahre immer dann bemerke, wenn sie an seinen Kleidern raschele, die auf einem Stuhl neben seinem Bett liegen.

„Die Nachtmahre kommt durch das Schlüsselloch", sagte seine Mutter, „ich rate dir folgendes: Sobald du bemerkst, dass sie in deinem Zimmer ist, gehst du zur Tür und verklebst das Schlüsselloch. So kann sie nicht wieder hinaus. Sieh am Morgen dann nach, wen du gefangen hast!"

Der junge Bauer tat, wie es ihm seine Mutter geraten hatte und – tatsächlich – schlag zwölf Uhr war es so weit: Es raschelte wieder an seinen Kleidern. Der Bauer schlich zum Schlüsselloch und verklebte es. Nach einer schweren Nacht sah er in der Dämmerung ein wunderschönes junges Mädchen in seiner Kammer. Er stand auf und reichte ihr Gewänder zum Anziehen. Als sie wieder in die Kammer trat, fragte sie ihn, ob sie bei ihm arbeiten könne. Da es genug Arbeit auf dem Hof gab, willigte er ein und schon nach kurzer Zeit waren durch ihre geschickte Hand Wohlstand und Glanz zu sehen. Der junge Bauer verliebte sich in das Mädchen, schloss mit ihr die Ehe und beide lebten glücklich miteinander. Schließlich wurden zwei Kinder geboren, ein helläugiger Junge und ein hübsches Mädchen. Oft, wenn das junge Paar zusammensaß, fragte ihn seine Frau, woher sie gekommen sei. Aber der Bauer wich immer wieder aus und vertröstete sie auf später. Eines Tages hatte der Bauer im alten Wirtshaus an der Pader nach einem guten Viehhandel zu tief in das Glas geschaut und kam entsprechend aufgeräumt nach Hause. Er setzte sich zu seiner Frau, die gerade an einem Kleid für das Jüngste nähte, umarmte sie und sagte: „Heute sage ich dir, woher du gekommen bist! Dort, durch dieses Schlüsselloch bist du herein gehuscht!" Wie aus einem langen, tiefen Traum erwachend, schaut die Frau auf das Schlüsselloch.

Am Abend gingen sie wie gewohnt zu Bett. Als der Bauer jedoch beim letzten der zwölf Glockenschläge erwachte, bemerkte er, dass der Platz neben ihm im Bett leer war. Er suchte im Haus, im Kamp mit den Weidenbäumen, auf den Wiesen, seine Frau jedoch hat er nie wieder gesehen. Nur eines erinnerte ihn an sie: Jeden Sonntagmorgen lagen die frisch gewaschenen und gebügelten Hemdchen der Kinder und ihre geflickten Kleider da. Der Wohlstand aber, den die Nachtmahre gebracht hatte, blieb und auch ein gewisser Glanz, doch ebenso die nie gestillte Sehnsucht des Bauern, den niemand mehr auf Festen sah.

(nach Pöhler 1986)

# Die Riesen von Verne und Boke

Die beiden Riesen von Verne und Boke waren Zwillingsbrüder, die oft Streit miteinander hatten. Eines Tages, als der Riese von Boke auf den Lippewiesen Heu einfahren wollte und ein plötzlicher Regenschauer einsetzte, schob er den vollen Wagen schnell in sein Nasenloch. Der Verner Riese aber musste gerade heftig niesen, was ihm sein Bruder jenseits der Lippe unwillkürlich nachmachte. Doch dabei geschah es, dass das Heu urplötzlich im Nassen lag. Daraufhin schwor der Riese von Boke seinem Zwillingsbruder aus Verne Rache. Als dieser dann einst auf die andere Seite des Flusses wollte, bat er jenen, sein Bein über die Lippe zu legen. Als der Verner nun herübergehen wollte, zog der Boker sein Bein weg und sein Bruder ertrank in einem tiefen Wirbel des Flusses. Doch auch der Riese von Boke war eines Tages verschwunden. Niemand hat ihn je wieder gesehen.

(nach Dettmer 1988)

*Burg Verne.*

# Die Wegwarte des Sintfeldes

Vor langer Zeit lebten hier einmal ein junger Bursche und ein schönes Mädchen, die sich sehr liebten. Da sie aber zu arm waren, um einen gemeinsamen Hausstand zu gründen, beschlossen sie, dass der Bursche ein Jahr lang in die Welt ziehen und Geld verdienen solle. Als nun das Mädchen den jungen Mann an einem Sommertag zum Abschied vor das Dorf begleitete, gaben sie sich gegenseitig das Versprechen, aufeinander zu warten. Sie schaute ihm noch lange nach, wie er den Weg nach Paderborn hinab wanderte. Das Jahr war vergangen und das Mädchen ging tagein, tagaus vor das Dorf, in der Hoffnung, den Heimkehrer begrüßen zu können. Aber der Sommer ging dahin, die Herbstnebel zogen über das Land, die Winterkrähen flogen und schließlich blühten die Sommersterne. Der Bursche kehrte jedoch immer noch nicht heim. Zuletzt ging das Mädchen gar nicht mehr in das Dorf zurück. Es blieb am Wegesrand stehen und wartete. Da wuchsen langsam ihre Füße in den Boden und sie wurde zu einer wunderschönen Blume, deren blau leuchtenden Blütenaugen sehnsüchtig den Weg entlang blickten. Endlich, nach langen Jahren, kam der Bursche zurück und als er die Wegwarte erblickte, pflückte er eine Blüte und steckte sie an sein Hemd. In diesem Moment wurde ihm seltsam zumute und es kam ihm so vor, als blicke ihn das blaue Auge des Mädchens an und in dem Augenblick, als ein Tautropfen, einer Träne gleich, herabfiel, begann er bitterlich an zu weinen. Denn urplötzlich wusste er, dass er seine Liebste nicht mehr im Dorf finden würde. Die Leute erzählten ihm, dass sie in einem Sommer fortgegangen und nicht wiedergekommen sei. Wie konnten sie auch ahnen, dass sie zu einer Blume geworden war und seitdem wartend am Wegrand steht.

Eine besondere Wirkung scheint von der Pflanze auszugehen, denn es gab immer wieder Menschen, die sich vor der Untreue eines anderen, vor Zauber oder dem bösen Blick schützen wollten und zu diesem Zweck eine Wegwartewurzel in die Tasche steckten, die am Jakobitage mit einem Hirschhorn ausgegraben worden war.

(nach Pöhler 1986)

# Der Herr von Wewelsburg

Auf der Wewelsburg hauste einmal ein recht böser, harter Herr. Er plagte die Bauern bis aufs Blut, schändete ihre Töchter und Frauen und plünderte die Krämer, die mit ihren Waren auf der Landstraße daherzogen. Sein Burgkaplan, ein frommer Priester, ermahnte ihn oft, seine ruchlosen Pfade zu verlassen; er stellte ihm die Gerichte des Ewigen in den schwärzesten Farben vor – aber alles war umsonst.

Die ernsten Worte des Kaplans vermochten nicht, das steinerne Herz des gestrengen Herrn zu rühren; er blieb wie er gewesen war.

Aber als einmal der Herr von der Wewelsburg eine arme, wehrlose Dirne aufgegriffen und mit Gewalt zu seinem schändlichen Willen gebracht hatte, da ließ es der Kaplan nicht mehr bei ernsten, mahnenden Worten bewenden. Er sagte dem Wüterich geradezu, dass er nicht länger in seinen unheiligen Mauern die heiligen Zeremonien verwalten, dass er überhaupt nicht länger bei einem unverbesserlichen Sünder sich aufhalten dürfe. Und darauf schickte er sich an, die Wewelsburg für immer zu verlassen. Aber der wilde Herr ließ ihn greifen und binden, indem er mit fürchterlicher Stimme rief: „Meinst du, eitler Pfaff, ich hätte nicht Mittel, mich eines lästigen Predigers zu entledigen? Meinst du, ich müsse warten in guter Geduld, bis du selbst gingest?“ Darauf ergriff er ihn und erdrosselte ihn mit eigenen Händen an den Pforten der Kapelle. Grässlich lachend, setzte er sich dann zum schwelgerischen Bankett, mit seinen Kumpanen auf das Wohl seiner neuen Geliebten zu trinken. Unter tollem Jubel vergingen die Stunden des Tages und noch in die Nacht hinein dauerte die sündliche Lust. Endlich taumelte der Herr von der Wewelsburg auf sein Lager. Wollüstige Träume umgaukelten sein Hirn.

Da schlug die Schlossuhr Mitternacht, dumpf, langsam, ernst wie nie. Und von der Kapelle her erhob sich etwas stumm und nebelhaft und huschte über den gepflasterten Hof zur verschlossenen Pforte hinein. Das war der Geist des gemordeten, unbegrabenen Priesters. Durch alle die langen Gänge, an allen Türen vorüber ging er, schlich er, leise – leise. Er suchte die Gemächer des trunknen Herrn. Wie tiefes Seufzen stieg es aus ihm auf, als sich die schwere Eichentür knarrend vor ihm öffnete. Jetzt war er darin – jetzt stand er am Bette. Und ein Geräusch ward laut und ein Getön und ein Wimmern und Heulen, dass es anzuhören war wie ein langer, qualvoller Kampf, wie ein Ringen zum Tode. Alle in der Burg erwachten. Aber keiner wagte nachzusehen; denn sie schauderten vor Entsetzen. Kalter Schweiß troff von ihren Schläfen. Endlich wurden die grässlichen Klänge schwächer, immer schwächer, und als die Turmuhr eins schlug, da verhallte der letzte schwere Seufzer.

Als man bei Tagesanbruch den Herrn von der Wewelsburg wecken wollte, fand man ihn mit umgedrehtem Genicke am Boden liegend. Sein Antlitz war von fürchterlicher Todesangst entstellt worden, dass die Seinen ihres Herrn Leiche kaum erkannten. – Auf dem Friedhofe der Wewelsburg fand man am nämlichen Tage einen frischen Grabhügel, den niemand aufgeworfen hatte. Die Leute dachten es gleich wohl, wenn sie es sich auch gerade nicht anmerken ließen, dass hier der fromme Kaplan zum ewiglangen Schlafe ruhe.

(nach Seiler 1848)

*Die Wewelsburg.*

# Die goldene Spinnerin

Im kleinen Dorf Henglarn lebte vor langer Zeit ein wunderschönes Mädchen. Es war so schön, dass das kleine Flüsschen Altenau immer ganz hell aufschimmerte, wenn sie ihr Gesicht darin spiegelte. Viele der Bauernburschen warben um das Mädchen. Diese aber lachte alle nur hochmütig aus und trieb darüber hinaus noch mit manch einem ihren Schabernack. Die anderen Mädchen des Dorfes gaben ihr gegenüber offen zu, dass sie die Schönste sei und auch am Spinnrad den feinsten und glattesten Faden ziehe. Doch an ihren Feiern nahm das Mädchen nicht teil und streifte stattdessen durch die umliegenden Wälder. In einem Henglarner Bauernhaus waren sieben Brüder aufgewachsen, die alle dieses Mädchen sehr liebten. Insbesondere war die Liebe des ältesten so groß, dass die anderen Brüder schweren Herzens auf das Mädchen verzichten wollten. An einem Sonntagnachmittag begegneten die Brüder der Schönen im Wald. Der Älteste wollte ihr seine Liebe zeigen und hielt sie fest, um sie zu küssen. Da kratzte sie ihm wie eine Wildkatze viermal durch das Gesicht und die Augen, sodass es stark zu bluten anfing. Als die sechs anderen Brüder das sahen, sprachen sie einen Fluch aus: Sie sollte so lange als Spinnerin im Wald das Spinnrad drehen, bis der Kuss eines Jünglings sie erlösen würde. Kaum war der Fluch ausgesprochen, grollte es und eine Waldgeiststimme sprach: „Und ihr sieben sollt ein Baum werden und sie tragen und nicht eher wieder zu Menschen werden, bis auch sie erlöst ist!“

Noch heute steht im Menntal der Baum, aus dessen mächtigen Stamm sieben schwächere herauswachsen und es ist ein leises surren wie von einem Spinnrad zu hören. Aber nur in Vollmondnächten ist hoch oben in der Krone des Baumes in einem goldenen Kleid die Schöne zu sehen. Dann kann man auch ihr trauriges Lied hören:

*Einsam muss ich immer spinnen,*
*während Jahr um Jahr verrinnen,*
*leis' die Winde grüßen bloß;*
*Ach käm' ein Mann und kauft' mich los!*

Kommt aber einer, der es versuchen will, dann verstricken sich die Äste so fest ineinander, dass es unmöglich ist, bis in die Spitze zur Spinnerin hinaufzukommen: Die sieben Brüder geben die Schöne einfach nicht frei.

(nach Pöhler 1986)

## Wie die Kleinenberger das Licht in die Kirche trugen

Die Kleinenberger bauten einmal eine neue Kirche und ließen sich diese viel Geld kosten, sodass sie ein recht stattliches Ansehen bekäme. Als nun alles fertig war und die Ratsherren den Bau besichtigen wollten, fanden sie es in der Kirche völlig dunkel. Lange sannen sie vergeblich, den Grund dieses Übelstandes herauszufinden, bis ihnen zuletzt einfiel, dass sie die Fenster vergessen hatten. Wie war da zu helfen? Endlich rief der Bürgermeister: „Ich hab's!" Sogleich bestellte er viele Leute mit großen Säcken. Die mussten sich, da es gerade im hohen Mittage war, auf den Marktplatz stellen, die Säcke öffnen und die Sonne hineinscheinen lassen. Nach einer Weile befahl er den Leuten, die Säcke fest zuzubinden und ihm so in die neue Kirche zu folgen. Hier ließ er die Säcke eiligst öffnen und umkehren, damit das hereingeschienene Sonnenlicht herauskäme und sich in der finsteren Kirche verbreite. Die Leute taten genau, wie der weise Bürgermeister befahl. Aber in der Kirche blieb es dunkel wie zuvor, worüber alle höchst verwundert waren.

(nach Seiler 1848)

## Das Gastmahl zu Paderborn

Im Lager der Franken herrschte große Freude über die Nachricht, dass sich Herzog Widukind König Karl unterworfen hatte und bereit war, den christlichen Glauben anzunehmen. So sollte denn nun dieses freudige Ereignis gebührend gefeiert werden. Das Fest sollte in der Karlsburg an den Quellen der Pader in Paderborn stattfinden. Vorher unterwies ein eigens dafür abgestellter Priester den Herzog in die Grundzüge der christlichen Lehre. Widukind hörte genau zu, was ihm über das Leben und Wirken Christi erzählt wurde, doch wuchs in ihm zunehmend Verwunderung. Er konnte sich keinen Reim darauf machen, denn alles, was er in den Kriegsjahren zuvor von den Christen erlebt hatte, stand in krassem Gegensatz zu dem Vorbild aus Palästina. Schließlich sprach er zu seinem Lehrer: „Was habt Ihr nur aus der Lehre der Liebe und Barmherzigkeit gemacht?" Er stellte noch viele andere Fragen, auf die die Mönche keine Antworten fanden. Als nun der Tag der Feier gekommen war, wies König Karl seinem einstigen Widersacher mit seinem Gefolge an einer Tafel einen Platz zu. Um sie herum saßen die Paladine in feinsten Gewändern und voller Pracht. Vor den Türen aber hockten die Krüppel und Bettler, die auf die Reste warteten, die vom Gastmahl abfielen. Und Arme gab es im Sachsenland genug, seit dort die fränkischen Schwerter regierten und der Rote Hahn auf den Dächern der Höfe saß. Widukind sah dies und schickte einen Boten zum König, der ihn fragen ließ: „Euer Christus spricht: In den

Armen nehmt Ihr mich selber auf. Wie kommt es nun, dass Ihr uns gebietet, unser Haupt vor Euch zu beugen, vor dem, den Ihr selber im Staub vor Euren Türen liegen lasst und dem Ihr nicht die geringste Ehrerbietung erweist?" Diese deutlichen Worte trafen den König ins Herz. Er wurde verlegen, eine solch klare Auslegung des Evangeliums und Verurteilung seiner Taten aus dem Mund eines Heiden hören zu müssen. Darüber, dass er nun sein Handeln änderte, wird uns in den Quellen nichts berichtet. Widukind aber floh noch am selben Abend aus dem fränkischen Lager und ging ins Exil zu seinem Schwiegervater nach Dänemark.

(nach Paetow 2004)

# Kreis Gütersloh

## Einleitung

Der Kreis Gütersloh wurde am 1. Januar 1973 gegründet. Die bis dato bestehenden Kreise Wiedenbrück und Halle gingen gemeinsam mit weiteren Gemeinden, u.a. Schloß Holte-Stukenbrock, im neuen Kreis Gütersloh auf. Der Altkreis Halle gehörte einst zur Grafschaft Ravensberg, wo sich auch die Burg, die der Grafschaft Ravensberg und der Region Minden-Ravensberg ihren Namen gegeben hat, befindet. Im kleinen Ort Borgholzhausen steht einsam auf einer Anhöhe die Burg Ravensberg.

Der Kreis ist im Umland geprägt von seiner bäuerlich-landwirtschaftlichen Vergangenheit. Zahlreiche Felder und Äcker liegen hier direkt vor den Wäldern des Teutoburger Waldes. Die alte Salzsiederstadt Halle hat nichts von ihrem besonderen Flair verloren. Woher Halle seinen Namen hat, vermag heute niemand mehr zu sagen. Eine Deutung bezieht sich auf die Hallen, in denen einst das Salz gelagert wurde. Der Ort Borgholzhausen ist seit langer Zeit als Lebkuchenstadt weithin bekannt. Die alte Siedlung Holthusen wurde bereits 1096 urkundlich erwähnt. Holt ist ein altes Wort für Holz, im Sinne von Wald oder Gehölz. Später wurde der Ort auch nach der Burg benannt und die Stadt bekam den Namen Borgholzhausen. Im Umland sind die Wasserschlösser Tatenhausen und Holtfeld schöne Zeugnisse vergangener Jahrhunderte. Ein besonderer Ort in dieser Region ist die alte Waldkapelle Stockkämpen.

Zwischen Halle und Borgholzhausen liegt die Burg Ravensberg. Einst Stammsitz der Ravensberger Grafen, verlegten diese ihren Wohnsitz bald in die unter ihrer Grafschaft aufblühende Stadt Bielefeld. Trotzdem ist die Burganlage weiterhin von einem Grafen oder Drosten in ihrem Auftrag verwaltet worden. Vermutlich haben die Ravensberger Grafen bzw. ihre Erben von 1141 bis 1346 hier gelebt, die Burg aber bis 1673 verwalten lassen. Erst dann wurde sie bei einem Streit mit einem Münsterländer Bischof zerstört. Bis heute ist der Turm weithin im Land sichtbar, und wer sich die Mühe macht, zur Burganlage aufzusteigen, wird mit einem fabelhaften Ausblick belohnt. Selbst der sagenhafte Burgbrunnen ist in einem Brunnenhäuschen noch vorhanden. Seit 1830 ist man bemüht, die Burganlage nicht weiter verfallen zu lassen. Das heutige Forsthaus auf der Burganlage ist erst 1868 dort errichtet worden.

Durch das Gelände, auf dem die Ravensburg steht, sind vermutlich bereits die Germanen und Römer gezogen, und vielleicht auch Karl der Große und Widukind. Die Mauern und der Turm der Burg gehen wohl bis ins 11. Jahrhundert zurück, als die Edelherren von Calvelage hier ansässig wurden und die Grafschaft Ravensberg sich entwickelte.

## Der Ravensberg

Die Burg auf dem Ravensberg ist schon über tausend Jahre alt; bereits in einer im Stift Freckenhorst im Münsterland aufbewahrten Stiftungsurkunde aus dem Jahr 851 wird sie erwähnt. Den Namen leitet eine Sage von einem Erbauer namens Rabo ab. Eine andere Sage leitet den Namen vom Vogel Rabe ab, da die Ritter und Vasallen vom Ravensberg als Helmzeichen und Wappen einen Raben führten. Die Mauern und das Burgtor liegen heute in Trümmern, nur noch ein halb zerfallener Wartturm ragt in die Höhe. Merkwürdig ist der noch wohlerhaltene Brunnen im Burghof. Er ist über hundert Meter tief und sein Wasser versiegt nur im heißesten Sommer. Den Schacht so weit durch das Felsgestein hinabzugraben, muss eine sehr mühevolle Arbeit gewesen sein. Eine Sage erzählt von zwei Rittern, die nach langer blutiger Fehde vom Ravensberger Grafen besiegt wurden:

Der strenge Burgherr hielt sie (die zwei besiegten Ritter) im dunklen schaurigen Burgverlies gefangen, in das kein Sonnenstrahl hineindrang. Jahrelang hatten die Unglücklichen in ihrer Gefangenschaft geschmachtet und längst die Hoffnung aufgegeben, je wieder freizukommen. Da meldete ihnen der Kerkermeister eines Tages, die Quellen an den Abhängen des Berges seien in der Sommerhitze versiegt und alle Brunnen in der Umgebung ausgetrocknet, sodass er ihnen nun auch kein Wasser mehr zu trinken geben könnte. Die gräfliche Familie sei durch den Wassermangel selbst in großer Not. Da schöpften die gefangenen Ritter wieder Hoffnung und ließen dem Grafen melden, sie würden persönlich im Burghof einen so tiefen Brunnen graben, dass es ihm niemals an Wasser fehlen werde, wenn der Graf ihnen nach Beendigung dieser Arbeit die Freiheit wiedergeben werde. Der Graf willigte ein und gab ihnen bei seiner ritterlichen Ehre das Freiheitsversprechen. Voll Freude fingen die beiden Ritter an zu graben. Von morgens Früh bis spät in die Nacht, bei Hitze und Frost arbeiteten sie sich durch das harte Gestein und gruben sich immer weiter in den Felsen hinein. Soviel Schweiß sie auch dabei vergossen und so matt ihre Arme auch werden wollten, sie gaben die Hoffnung nicht auf. Es vergingen Jahre, der Brunnenschacht wurde tiefer und tiefer, aber noch immer führte er keinen Tropfen Wasser. Es war bereits das zehnte Jahr des Brunnenbaus angebrochen, als die Ritter an einem lieblichen Frühlingsmorgen wieder in den dunklen Schacht hinabgelassen wurden. Zuerst dröhnten gewaltige Hammerschläge aus der Tiefe, dann ertönte ein lautes Freudengeschrei. Das klarste Wasser sprudelte aus dem Felsen hervor und begann, den Brunnen zu füllen.

Man zog die beiden Männer heraus und nahm ihnen tatsächlich die schweren Ketten ab. Sie dehnten ihre Körper und Gliedmaßen und sogen die frische Luft tief in ihre Lungen. „Freiheit! Freiheit!", riefen sie mit freudigem Herzen. Aber die Freude war zu groß, sie war so groß, dass ihre Herzen davon zersprangen. Sie fielen tot um.

Wann immer heute jemand über den Rand des Brunnens schaut, kann er die tiefe Trauer über den Tod der beiden Männer spüren. Manch einer wusste vor etlichen Jahren noch zu berichten, dass nur einer der beiden sofort den Tod fand, der andere soll es noch den Ravensberg hinab ins Tal geschafft haben und erst dort tot zusammengebrochen sein.

(nach Uhlmann-Bixterheide 1921 sowie Lorenzen/Weitkamp)

## Die letzten Riesen

Die letzten Riesen in der Region lebten auf dem Sparrenberg bei Bielefeld und auf dem Raven'schen Brinke, dem Ravensberg. Sie waren wahrlich riesengroß. So groß, dass sie sich von einem Berg zum anderen die Hand reichen konnten. Zu ihrer Unterhaltung warfen sie sich manchmal mächtige Kugeln als Bälle hin und her. Einmal rutschte einem der Riesen die Kugel aus den Händen und schlug ins Tal. Das gewaltige Loch ist heute noch zu sehen. Wenn sie sich am Mittag Brei gekocht hatten, reichten sie sich die Speise in mächtigen Löffeln hin und her. Manchmal aber gerieten die Riesen auch in Streit. Dann rissen sie die größten Bäume heraus und schlugen damit aufeinander los. Die Menschen und Tiere in ihrer Nähe verkrochen sich dann in ihre Hütten, Häuser und Ställe und kamen erst wieder heraus, wenn Ruhe eingekehrt war. Von den Splittern aber, welche die Bauern anschließend auf ihren Feldern fanden, konnten sie sieben Jahre ihre Öfen heizen. Meist aber vertrugen sich die Riesen sehr gut und teilten auch viele Dinge. So hatten sie zum Beispiel nur einen Backtrog, groß wie eine halbe Scheune.

Der Riese auf dem Sparrenberge hatte einmal einen ganzen Ochsen verzehrt und lag danach müde und träge auf der Wiese im Gras. Da flog ihm ein Huhn, das Schutz vor einem Fuchs suchte, genau in sein eines Nasenloch. Er musste davon so sehr niesen, dass der ganze Berg erzitterte. Der Riese aber schimpfte nur: „Diese verdammten Fliegen lassen einen doch nie in Ruhe." Gerade wollte er die Fliegen verscheuchen, da hörte er vom Raven'schen Brinke her ein gewaltiges Geräusch. „Oh", schimpfte der Riese, „hat mein Nachbar etwa alleine gebacken und schrubbt nun den Trog aus. Hurtig sprang er auf die Beine und eilte mit drei großen, schnellen Schritten zum Raven'schen Brinke hin. Doch sein Nachbar lag ebenso im Gras wie er zuvor. Nur kratzte sich dieser, gepickt von einem Zaunigel, im Bart. Der Sparrenberger Riese schnappte sich nun aber trotzdem den Backtrog und eilte damit zurück. Lautlos und unbemerkt, wie er glaubte, in Wahrheit aber dröhnten die Bäume und flogen die Vögel von den Bäumen.

Zwischen Werther und Halle wurde er aber seiner Last leid, warf sie einfach ab und stülpte sie auf einen Berg. Alle Buchen darunter erstickten und seit dem Ereignis mag auf dem Berge nichts mehr so recht wachsen.

(nach Luhmann)

## Die Linde auf dem Markte zu Halle

Nicht fern von den Ruinen des Ravensberges liegt freundlich und ruhig am südlichen Fuße des Osnings das Städtchen Halle. Es hat den Namen von den Salzquellen, welche hier einst benutzt wurden, nun aber längst verschwunden sind. Mitten auf dem Marktplatz stand einst eine wahrhaft ungeheure Linde. Sie war von einer achtseitigen Mauer umgeben, die an jeder Seite einen Eingang hatte. Auf dieser Mauer ruhten die weit ausgebreiteten Zweige der Linde und oben über den Zweigen waren Sitze angebracht. Hier hielt man Versammlungen ab. Im Jahre 1726, am 21. Juli, wurde die Linde ausgerottet und musste einem Neubau weichen. Diese Linde, so erzählt man, hat Karl der Große eigenhändig gepflanzt. Zugleich soll er die Kirche dort gegründet und dem Ort Marktgerechtigkeit verliehen haben.

(nach Redeker 1830)

## Droste auf Brinke

Im Kreis Halle, in der Gegend des Gutes Brinke, erzählt man sich Folgendes:

Auf dem Brinke wohnte einmal ein Droste, der ein gottloses Leben führte und auch voller Sünden starb. Als man nach der Beerdigung dieses Drosten zum Brinke zurückkehrt war, saß ein Hofnarr auf der Mauer und sagte: „Ihr kommt jetzt erst zurück, der Herr ist schon wieder da." Und so war es auch, der Droste konnte keine Ruhe finden. Nach langer Zeit gelang es schließlich einem Mönch, den Geist auf einen Wagen zu bannen. Man brachte ihn zum Grundsiek. Die vier Pferde, die den Wagen zogen, schwitzten derart, dass sie weiß vor Schaum wurden. Umdrehen durfte sich während der Fahrt niemand, sonst wäre der Droste sofort zurück zum Brinke gekehrt. Im Grundsiek reichte man dem Droste dann einen Eimer ohne Boden und sagte, er dürfe erst zurückkommen, wenn der Teich geleert wäre. Viele haben ihn in der Nacht fleißig bei der Arbeit gesehen, doch geleert wurde der Teich nie. Andere wollen ihn trotzdem später als Reiter ohne Kopf auf den Wiesen des Gutes Brinke gesehen haben.

(nach Wolfersdorf)

## Werther

Die Stadt Werther, von lateinisch veter (= alt, vormalig), hat ihren Namen von einem alten Lager, das die Römer hier einst aufbauten. Es lag am Schwarzbach, der nicht weit entfernt in den nahen Höhenzügen entspringt. Im Jahre 1719 erhielt Werther städtischen Gerechtsamen, bis dahin hatte der Ort nur Weichbildgerechtigkeit. Die Bewohner betrieben vorwiegend Handel mit Garn, Butter, Schinken und Leinsamen. Die Gemeinde Werther besteht aus dem Ort selbst und den Bauerschaften Isingdorf, Arode-Werther, Häger, Schröttinghausen, Roterhagen, Rotendorf und Thenhausen. Der Bau der Kirche, die dem heiligen Jodokus geweiht ist, stellte sich anfangs als schwierig heraus. Eigentlich wollte man sie auf dem sogenannten Kerkenbroke (Kirchenbruch) errichten, aber hier wollte der Bau nicht gelingen. Was man am Tage hochzog, versank in der Nacht zum Teil wieder. Da merkte man, dass dieser Ort Gott nicht wohlgefällig war. Mehrere Tage hintereinander sah man auf einer Linde eine weiße, wilde Taube sitzen, die sich auch nicht wegscheuchen ließ. Da erkannte man sie als Wahrzeichen, die den Platz zeigte, an dem Gott die Kirche haben wollte. Hier fing man nun erneut mit dem Bau an und diesmal ging er rasch voran. An diesem Platz steht das Gotteshaus bis heute.

(nach Vormbaum 1864)

## Der Schatz in Wiedenbrück

In der Stadt Wiedenbrück steht unweit des Langebrückertorwalls ein kleines Haus an der langen Straße. Hinter dem kleinen Haus befindet sich ein großer Garten, in dem einst ein Schloss gestanden haben soll. Dort wohnte ein alter Geizhals, welcher viel Geld zusammenscharrte, indem er Witwen und Waisen betrog. Aus Angst, man konnte ihm das Geld stehlen, vergrub er es in der Erde. Man sagt, das Geld liegt noch da und der Geizige muss es zur Strafe für seine schlechten Taten bewachen. Alle sieben Jahre beim Vollmond öffnet sich die Erde und das Geld glänzt im Mondschein, darüber sieht man eine blaue Flamme. Man hat noch nicht herausgefunden, wie man den Schatz heben kann.

In dem kleinen Haus vor dem Garten, wohnte einmal eine Frau mit ihrer Magd, diese verschlief sich oft und wurde dann ausgeschimpft. Als die Magd einmal erwachte und sah, dass es schon ganz hell war, dachte sie, wieder verschlafen zu haben. Schnell kleidete sie sich an und wollte Feuer in der Küche machen. Dabei schaute sie aus dem Fenster und sah im Garten ein kleines Feuer. Sie legte Stahl und Feuerstein beiseite und ging in den Garten, um sich glühende Kohlen zu holen. Mit der Schüppe holte sie sich eine Menge Kohlen aus dem Feuer und ging damit zurück in die Küche. Als sie diese aber auf den Herd legte, gingen sie aus. Sie ging noch mal in den Garten zurück, um sich neue zu holen. Doch auch diese gingen aus, als sie die Kohlen auf den Herd legte. So ging die Magd zum dritten Mal in den Garten. Doch als sie an das Feuer trat, kam eine furchtbare Stimme daraus hervor und rief: „Kommst du noch einmal, so drehe ich dir den Hals um!" Vor Schreck ließ die Magd die Schüppe fallen und lief zurück ins Haus. In diesem Augenblick schlug die Uhr eins. Als sie morgens wieder an den Herd kam, lagen auf diesem statt der alten Kohlen lauter schöne blaue Dukaten.

(nach Stahl 1831)

## Das Gotteshaus zu Isselhorst

Die Isselhorster Kirche ist der heiligen Margarethe geweiht. Eine Sage beschreibt, wie es zu der Gründung dieser Kirche kam. In der Gegend des heutigen Isselhorsts wollte man eine Kirche bauen. Als man am ausgewählten Platz mit den Bauarbeiten beginnen wollte, taten sich aber tausend Hindernisse auf. Dann fehlte dies, dann fehlte das, dann wollte es hier nicht, dann dort nicht weitergehen. Daraus schloss man, dass der ausgewählte Ort Gott nicht wohlgefällig wäre. Man beschloss, dass ein Wahrzeichen den geeigneten Ort zeigen sollte. Darum schickte man einen Esel los, folgte ihm von Weitem und merkte sich genau den Ort, wo derselbe sich niederlegte. Dort wurde erneut mit dem Aufbau der Kirche begonnen und es ging alles herrlich vonstatten. Von dieser Raststätte des Esels soll der Name Isselhorst herrühren.

(nach Vormbaum 1864)

## Die Sage vom Fräulein von Rodenschild

In einer Osternacht zu Holte auf dem Schloss lag das junge Fräulein Rodenschild schlaflos in ihrem Bette, da hörte sie, wie die Glocke zwölf schlug. Wie es noch mancherorts in Westfalen Sitte ist, ertönte aus dem Schlosshofe frommer Gesang, mit welchem die Hausangestellten das Osterfest begrüßten. Sie eilte ergriffen von den feierlichen Tönen ans Fenster und schaute in den Schlosshof hinab, wo die Knechte und Mägde sich zum

Schloss Holte.

Singen aufgestellt hatten. Als sich die Blicke aller nach dem Balkon auf der gegenüberliegenden Seite wendeten, schaute auch sie dorthin und mit Entsetzen sah sie dort ein Phantom mit einer Lampe in der Hand die Treppe hinabsteigen. Das Phantom sah ganz genau so aus wie sie selbst, hatte ihre Gesichtszüge und war in ein weißes Gewand gekleidet. Es schritt durch die ihr ängstlich Platz machenden Diener hindurch und stieg die Treppe zur Burg wieder hinauf. Das junge Fräulein Rodenschild folgte der Gestalt wie gebannt mit den Augen und sah durch die Scheiben, wie sie mit der Lampe in der Hand in den großen Rittersaal eintrat. Da hielt sie selbst es nicht mehr aus und wollte wissen, wer diesen frechen Spuk wagte und eilte im geflügelten Lauf Trepp' auf, Trepp' ab, lief durch die Gänge und Hallen immer der Erscheinung nach, bis sie dieselbe an der Pforte des Schlossarchivs endlich einholte. Weil sie drinnen ein Rauschen unter den alten Scripturen hörte, legte sie ein Auge an eine Spalte der verschlossenen Pforte, dasselbe tat auch ihre Doppelgängerin an der anderen Seite der Pforte und als sie daraufhin zurückfuhr, trat auch die Gestalt zurück. Da fasste das Fräulein Mut und trat der Erscheinung entgegen und sah ihr fest ins Auge und genauso tat es auch ihr Spiegelbild. Da streckte sie ihm ihre Hand entgegen und fühlte, wie eine ihr ebenso entgegenkommende Hand sie eiskalt berührte. Damit verschwand die Erscheinung und zerrann in der Luft. Vor Entsetzen sank das junge Fräulein zu Boden und wurde am nächsten Morgen von ihren Leuten, immer noch ohnmächtig, gefunden. Sie wurde schwer krank, erholte sich aber wieder. Doch geträumt hatte sie die Begegnung nicht, denn die Hand, mit der sie ihre Doppelgängerin berührte, blieb für immer eiskalt, wie von einer Leiche. Seit dieser Zeit trug sie an der Hand stets einen Handschuh.

(nach Grässe 1868)

# Stadt Bielefeld

## Einleitung

Wenngleich das Bielefelder Umland und die heutigen Vororte der Stadt zweifelsfrei auch von der Landwirtschaft und dem bäuerlichen Leben geprägt waren, so ist die Stadt Bielefeld direkt an einem Wegepunkt gelegen und von jeher durch regen Handel und Gewerbe geprägt. Zahlreiche Kaufleute haben sich hier niedergelassen; ihre Geschäfte und Gebäude prägen bis heute das Bild der Bielefelder Altstadt. Ebenso hat sich hier schon früh eine Industrie entwickelt, z.B. ist die Stadt weit über ihre Grenzen hinaus als Leineweberstadt bekannt.

Bielefeld liegt an einem alten Straßenkreuz. Die günstige Lage an den Handelswegen und Passstraßen Bielefelds erkannten auch die Ravensberger Grafen und gründeten Bielefeld offiziell Anfang des 13. Jahrhunderts. Aus den ehemals einfachen bäuerlichen Siedlungen wurde nun eine Kaufmannsstadt. Besonders Zoll-, Zins- und Münzrechte waren für diese wichtig, ließen sie schnell wachsen und zur wichtigsten Handelsstadt in der Ravensberger Grafschaft werden.

Die hier erbaute Sparrenburg, die nach dem Zeichen der Ravensberger Grafen (den drei Sparren) benannt wurde, ist in ihren Ursprüngen vermutlich älter, wurde aber mit der Stadtgründung Bielefelds von den Grafen Ravensberg-Calvelage ausgebaut und erweitert. Bald verlegten diese auch ihren Stammsitz in der Ravensberger Grafschaft vom Ravensberg bei Borgholzhausen nach Bielefeld auf den Sparrenberg.

Über den Namen der Stadt ist schon viel spekuliert worden. So soll früher einmal die ganze Gegend voll mit Wald gewesen sein. Und als man beschloss, hier eine Stadt zu erbauen, musste dieser Wald mit Bielen, also Beilen, gefällt werden. Und davon stamme der Name. Andere sagen auch, das Bild von dem Waldgott Biel habe einst hier gestanden, und zwar genau in einem Feld; daher habe man die Stadt Bielevelde genannt. Wieder andere sagen auch, beim Bau des Stadttores sei einem Arbeiter sein Beil aus der Hand gefallen. Damit unter ihm niemand zu Schaden kam, rief er laut: „Dat Biel dat fällt!". Doch lagen früher auch in dem Feld, wo jetzt die Stadt steht, drei Waldhöfe, die Bieler- Höfer genannt wurden. Da diese den Anfang der Stadt ausmachten, benannte man auch die ganze Stadt nach ihnen, als sie sich in den Bieler Feldern ausbreitete. Zunächst nannte man es noch Bielevelde, bald dann aber Bielefeld.

(nach Vormbaum)

## Der Weißdornbusch zu Dornberg

Die kleine Kirche zu Dornberg ist dem heiligen Petrus geweiht. An Alter übertrifft sie fast alle übrigen Kirchen in der Grafschaft. Eigentlich sollte die Kirche in Großdornberg gebaut werden. Dort wo die Kirche stehen sollte, auf den jetzigen Besitzungen des Colonus Oberwittler, wurde viele Jahrhunderte lang ein aufgeworfener und viereckiger Platz gezeigt – Oberwittlers Kirchhof genannt. Einst fuhr man an diesen Platz Steine und Holz und fing mit dem Bau einer Kirche an. Bis eine weiße Taube kam und zeigte, dass dieser Platz nicht Gott wohlgefällig sei. Die Taube nahm Späne und kleine Splitter in den Schnabel und flog zu dem Ort, wo jetzt die Kirche steht, im heutigen Dornberg. An diesen Ort legte die Taube Späne und Splitter nieder und setzte sich dann auf einen nahe stehenden Hagedorn oder Weißdornbusch, um auszuruhen. Da sich dies mehrfach wiederholte, merkte man, dass dies der von Gott gewählte Platz sei und baute die Kirche dahin. Der Weißdornbusch wurde wegen des Wahrzeichens als heilig betrachtet und sorgfältig gepflegt. Als der erste abstarb, pflanzte man einen neuen dahin und dies geschieht bis auf den heutigen Tag. Daher ist auf dem Dornberger Friedhof ein eingefriedeter Weißdornbusch zu sehen. Von diesem Dornbusch soll der Ort seinen Namen erhalten haben.

(nach Vormbaum 1864)

## Der Sparrenberg

Der edle Bernhard von der Lippe, ein treuer und tapferer Anhänger Heinrichs des Löwen, hatte bei Bilivelde eine Burg bauen lassen und sie seinem Lehnsherren zu Ehren Löwenburg genannt. Aber der mächtige Graf Hermann von Ravensberg, welcher ein Gegner Bernhards von der Lippe und seiner Gefolgsleute war, betrachtete diese an die Grenze seines Landes erbaute Burg sowohl als Hohn als auch als Gefahr. Darum zog er mit seinen Mannen zu der Löwenburg, belagerte und eroberte sie. Er riss die Welfenfahne und das lippische Wappen herunter und nagelte sein eigenes Wappen, die drei Sparren, an die eroberte Burg und nannte diese danach Sparrenburg. Aber Graf Bernhard von der Lippe war nicht gewillt, die schöne Burg in den Händen des Feindes zu lassen und belagerte sie nun seinerseits. Trotz der dicken Steinkugeln, die er an die Feste werfen ließ, gelang es dem lippischen Grafen nicht, diese zurückzuerobern. Aber es entstanden arge Verwüstungen in der Burg und starke Schäden an den Außenmauern. Das führte allerdings nicht zu einer Aufgabe der Burg durch den Ravensberger Grafen, sondern er ließ stattdessen die Burg wieder ausbauen und befestigte sie noch stärker. In dem Berg, auf dem

die Sparrenburg steht, befinden sich Höhlen und Gänge, einer davon soll unter der Erde direkt bis zum Markt der Stadt Bielefeld führen.

(nach Uhlmann-Bixterheide 1921)

## Der Hasenpad

Wie vielerorts baute König Weking auch zu Schildesche eine Kirche. Dort wohnte ihm eine Schwester, welche das Klosterleben erwählt hatte. Um nun schnell dorthin zu kommen, den Bau zu betreiben und die treue Angehörige zu begrüßen, ließ er einen Richtweg hinführen. Dies ist ein Fußpfad, der noch jetzt von Enger nach Schildesche geht und der Hasenpad heißt. Diesen Gang wanderte der König so häufig, dass sich davon noch jetzt im Volksmunde der Reim erhalten hat:

*„Dat is de Hasenpad,*
*Den König Weking tratt.*
*Wenn he in Schilske*
*Bi de wackern Mäkens satt!“*

Hasenpad heißt er von einem Diener, Namens Hase, welcher vielleicht der gewöhnliche Begleiter, vielleicht auch wohl der Bote Wekings, vermutlich auch beides war.

Vielleicht hat dieser Weg seinen Namen aber auch von einem tierischen Hasen. Denn der Weg von Enger nach Schildesche soll dem König Wittekind zuerst ein Hase gewiesen haben. Diesen Hasen hatte er so gezähmt, dass er ihm wie ein kleines Hündchen immer voransprang. Dieser Weg ist heute noch vorhanden und heißt darum der Hasenpfad.

(nach Kuhn 1859)

## Der Schmied von Bielefeld

Einst lebte in Bielefeld ein Schmied, der seine Handwerkskunst besser beherrschte als alle anderen im Ravensberger Land. Er machte seine Arbeit so gut, dass einige ihm sogar nachsagten, mit dem Teufel im Bunde zu stehen. Einmal ist der Herr mit dem Sankt Peter genau bei diesem Schmied eingekehrt. Die fromme Frau des Schmiedes bediente die himmlischen Gäste aufs Beste. Beim Abschied gab der Herr sich dann zu erkennen und sagte: „Drei Wünsche sollst du frei haben, Schmied, aber besinne dich recht."

Da bedankte sich der Schmied und äußerte seine seltsamen Wünsche: „Zum ersten wünsche ich mir, dass niemand, der auf den großen Birnenbaum hinter dem Haus klettert, wieder herunter kommen kann, wenn ich es nicht haben will. Geld habe ich wohl nicht viel, verlieren möchte ich es aber auch nicht. So bitte ich doch, dass niemand etwas aus meinem Geldbeutel herausnehmen kann, wenn ich es nicht will." Der Herr lächelte, aber Sankt Peter fuhr den Schmied an: „Sieh dich vor du Narr, bisher hast du ganz törichte Wünsche geäußert, deren Erfüllung dir gar nichts nützen wird, nun wünsche dir zum Schluss doch das ewige Leben." Der Schmied aber lachte nur und äußerte seinen dritten Wunsch: „Diese Schürze, die ich gerade trage, soll für immer mein Eigentum bleiben und niemand und keine Gewalt auf Erden oder im Himmel soll mich vertreiben können, wenn ich mich auf die Schürze setze." Sankt Peter schlug die Hände über dem Kopf zusammen. Der Herr aber lächelt wieder und sprach: „Alle drei Wünsche sollen dir erfüllt werden." Dann zogen die Himmlischen weiter.

Fünf Jahre waren seitdem vergangen und auch die Frau des Schmiedes hatte fast wieder vergessen, wie sie sich über die dummen Wünsche des Mannes geärgert hatte. Genau zu dieser Zeit klopfte der Gevatter Tod an die Tür des Schmiedes und rief: „Es ist Zeit Schmied. Komm mit mir!" Vergnügt rief der Schmied: „Gut, aber ich will mich schnell umkleiden. Klettere du doch solange auf den Birnenbaum hinter dem Haus und hole uns ein paar Birnen für den langen Weg in die Ewigkeit." Tatsächlich stieg der Tod auf den Baum und da rief der Schmied: „Piddrit, nu sitt! Sitt fast, Gesell, op solve Stell!“, da saß der Tod fest im Baum des Schmiedes. Dieser rief ihm zu: „Lass mich noch zwanzig Jahre in Ruhe, dann will ich dich auch wieder herunterholen.“ Was sollte der Gevater Tod tun? Schließlich gab er nach und willigte ein.

Nachdem zwanzig Jahre vergangen waren, kam aber nicht der Tod, sondern der Teufel, um den Schmied zu holen. Er rief: „Mach die Tür auf und komm mit mir in die Hölle.“ Der Schmied aber hielt schnell seinen Geldbeutel vor das Türschloss und rief: „Wenn du wirklich der Teufel bist, dann brauchst du wohl kaum die Tür und kommst so herein.“ Wütend flog der Teufel durchs Schlüsselloch, genau in den Geldbeutel des Schmiedes herein. Der Schmied von Bielefeld nahm den Beutel, legte ihn auf seinen Amboss und schlug mit aller Gewalt mit seinem Hammer darauf. Der Teufel jammerte: „Lass mich raus, ich will dich gar nicht in der Hölle haben, aber lass mich raus.“ Der Schmied klopfte weiter und rief: „Schwöre es mir erst.“ Das tat der Teufel, und so ließ der Schmied ihn wieder durch das Schlüsselloch heraus.

Endlich aber, als auch seine Frau schon lange tot war, hatte auch der Schmied Sehnsucht nach der heiligen Ewigkeit. Er machte sich auf den Weg und nahm nichts mit, als seine Schürze. Vor der Tür aber stand Sankt Peter und rief: „Dich kenne ich, du hast doch verschmäht, dir das ewige Leben zu wünschen. So lasse ich dich auch jetzt nicht herein.“ Da stand der Schmied von Bielefeld nun vor der verschlossenen Himmelpforte. Aber als wieder eine ewige Seele kam und Sankt Petrus sie hereinlassen musste, warf der Schmied schnell seine Schürze zur Pforte herein und sprang hinterher. Sankt Petrus wollte den Schmied aus dem Himmel verweisen, dieser aber saß auf seiner Schürze und lachte: „Was willst du? Ich sitze doch auf meiner Schürze und du weißt doch, keine Gewalt im Himmel oder auf Erden kann mich von dieser vertreiben.“ Sankt Peter erinnerte sich an den dritten Wunsch des Schmiedes und schüttelte den Kopf. Aber er konnte nichts tun und musste ihn im Paradies lassen. Die Engel begannen zu singen:

*Tidlit,*
*Här Schmied,*
*piddrit, Gesell,*
*hier büßt ter Stell'.*
*Juchheißa, Schmied von Bielefeld,*
*dien Himmelsstöölken ist bestellt!*
*We so den Düvel bannt äs du,*
*geit siälig in to siälge Ruh!“*

(nach Luhmann)

## Die Teufelskutsche

In Bielefeld lebte einmal ein Mann, der hatte einen Pakt mit dem Teufel geschlossen. Der Teufel tat alles, was der Mann verlangte, denn dieser hatte ihm dafür seine Seele verschrieben. Zu Lebzeiten ging es dem Mann bestens. Doch dann hatte er nur noch zwei Tage zu leben. Er rief den Teufel und verlangte eine gläserne Kutsche, in der er spazieren fahren wollte. Und wirklich stand schon bald darauf eine gläserne Kutsche mit acht schwarzen Rappen vor der Tür des Mannes. Der Mann sprang selber auf den Bock und ließ die Peitsche knallen. Im Galopp ging es über Berg und Tal. Die Teufelspferde sprühten aus ihren Nüstern Feuer, so sehr trieb der Mann sie an. Da die Wege aber holperig waren, brach plötzlich eines der gläsernen Räder. Der Teufel war aber da, um den Wagen zu halten. Der Mann jagte die Pferde weiter den Sparrenberg hinauf. Er fuhr sehr dicht an den Mauern der Burg entlang, so dicht, dass der Teufel in Bedrängnis geriet. Er schrie: „Halt nur an, ich kann die Achse nicht mehr halten." „Wenn du sie nicht hältst, sind wir auch geschiedene Leute", antwortete der Mann ihm, dabei schlug er erneut auf die Pferde ein, um sie weiter anzutreiben. Er lenkte sein gläsernes Gefährt noch näher an die Burgmauern heran. Nun war der Teufel festgeklemmt. Er konnte nicht anders und musste die Achse loslassen. Im fast selben Moment zerbrach die ganze gläserne Kutsche in abertausende Scherben. Die acht Rappen verwandelten sich zu gleicher Zeit in Mäuse. Der Teufel fluchte und wollte gar nicht mehr damit aufhören. Den Mann aber musste er trotzdem gehen lassen.

(nach Wolfersdorf)

## Der Wirt von Bielefeld

Einst, in der Kriegszeit, nahmen bei einem Wirt zu Bielefeld vier Soldaten Quartier. Diese schienen in der Nacht viele Geschäfte zu haben und kamen immer nur im Morgengrauen heim. Es waren sicher Erzspitzbuben.

Dies merkte auch bald der Wirt. Da er aber keinen Nutzen darin sah, die vier anzuzeigen, gab er ihnen mit einem beiläufigen Lächeln zu verstehen, dass sie von ihm nichts zu befürchten hätten. Da wurden die uniformierten Diebe bald vertraulich und boten dem Wirt an, den fünften Teil der Beute zu bekommen, wenn er bei ihren nächtlichen Aktivitäten als Schildwache dienen würde. Der Wirt sagte verschmitzt: „Mitgehen will ich wohl, aber ich werde nichts anrühren, was nicht mein ist. Was ihr mir schenkt, das nehm' ich wohl, aber selbst will ich nichts gestohlen haben." Die Soldaten lachten, nannten ihn „ihren guten Kameraden" und brauchten ihn fortan als Schildwache bei ihren Beutezügen. Doch eines Nachts ward die feine Gesellschaft einmal gefangen, eingesperrt und, wie in Bielefeld übliche Sitte, sollte sie auch gehängt werden. Ein jeder versuchte nun, sich frei zu reden, indem er sagte: „Ich bin doch gar nicht mitgegangen, um zu stehlen, doch nur um mitzugehen." Die Richter sagten nichts und lächelten nur. Als der Tag der Erhängung gekommen war, da ließ man auch den Wirt aus dem Gefängnisturme holen. „Was ist mein Schicksal?", wollte dieser sogleich vom Richter wissen. „Mitgegangen, mitgefangen, mitgehangen", sagte der Richter. Und bereits zwei Stunden später hing der Wirt mitsamt seinen vier Kameraden am Galgen. In Bielefeld gilt seitdem das Sprichwort: „Er geht mit wie der Wirt von Bielefeld."

(nach Röllecke)

## Die Lauseiche am Brönninghauser Bach

Am Brönninghauser Bach gibt es eine Eiche, um die sich viele Mythen ranken. Ihren Namen Lauseiche soll sie bekommen haben, weil sich früher Menschen hier trafen, um sich gegenseitig zu entlausen.

Spuken soll es an der Lauseiche auch. In Vollmondnächten treiben die Geister zweier Brüder bis heute hier ihr Unwesen, die sich einst im Streit um ein Diebesgut, das hier vergraben lag, gegenseitig getötet haben sollen.

Ein Wanderbursche suchte bei einem Unwetter Zuflucht unter dem Baum. Da erschien ihm ein Geist, der ihm zwei Goldstücke gab und sagte: „Wenn du mutig bist, komm in der nächsten Osternacht zu diesem Baum und sprich die Worte: Drei Schritte vor der Brücke, drei zurück, dann rückwärts über die Brücke." Mit einem befreundeten Weber traf sich der Bursche in der nächsten Osternacht an dem Baum. Und wirklich stieg ein Kessel voller Geld auf. Doch als sie sich auf das Gold stürzen wollten, traf sie ein mächtiger Schlag und das Gold versank wieder im Boden. Was war geschehen? Vor lauter Gier hatten sie vergessen, den Spruch aufzusagen.

(nach Sauermann)

## Der Schildescher Baumeister

In Schildesche soll es einmal einen berühmten Baum gegeben haben. Er war immer grün und alle seine Zweige standen kreuzweise. Dann aber haben Fremde das Land eingenommen und der Baum ist verdorrt. Man sagt, einmal wird ein Kaiser aus seinem Grab kommen und eine Schlacht führen. Vorher wird er sein Schild an den dürren Baum schlagen und dann wird dieser wieder grün werden.

Manche glauben gar, mit diesem Kampf werde das goldene Zeitalter anbrechen.

(nach Wolfersdorf)

# Quellenangaben und Literaturverzeichnis

ALBROK, S.: *Sage vom Externsteine.* In: Wünschelruthe Nr. 12, Hg.: Straube, H. und Hornthal, J. Göttingen 1818.

ANDERMANN, ULRICH UND WIBBING, JOACHIM (HRSG.): *Stift und Kirche Schildesche 939-1810. Festschrift zur 1050-Jahr-Feier.* Bielefeld 1989.

ARNDT, E. M.: *Mährchen und andere Jugenderinnerungen.* Erster Theil. 1. Auflage. Berlin 1818.

BOTZET, ROLF: *Ereygnisse, Merckwürdigkeyten und Begehbenheyten aus Rödinghausen.* Rödinghausen 2002.

BRANDT, HANS JÜRGEN UND HENGST, KARL: *Victrix Mindensis Ecclesia. Die Mindener Bischöfe und Prälaten des Hohen Domes.* Paderborn 1990.

BÜSCHING, J. G.: *Volks-Sagen, Märchen und Legenden.* Leipzig 1812.

DETTMER, HELGE: *Sagen, Märchen, Legenden und Aberglaube aus Ostwestfalen-Lippe,* Leun/Lahn- 1988.

DROSTE-HÜLSHOFF, ANNETTE VON: *Sämtliche Gedichte.* Frankfurt am Main 1988.

FITZNER, KLAUS: *Die Brunnenwallfahrt nach Blomberg.* Blomberg 1989.

FREILIGRATH, FERDINAND UND SCHÜCKING, LEVIN: *Das malerische und romantische Westphalen.* Barmen und Leipzig 1841.

GRÄSSE, J.G.TH.: *Sagenbuch des Preußischen Staats.* Glogau 1868.

GERBODE, BABETTE, LÜPKE, REINHARD, WITT, JAN UND WITT-STUHR, MARIANNE: *Zeitreise durch OW-L. Ausflüge in die Vergangenheit.* Gudensberg-Gleichen 1997.

GRIMM, BRÜDER: *Deutsche Sagen.* Berlin 1816-1818.

GRIMM, BRÜDER: *Altdeutsche Wälder.* Band 2. Darmstadt 1966 (Nachdruck von 1815).

GRIMM, J. U. W.: *Deutsche Sagen, mit einer Abbildung der Sage, nach W. v. Kaulbach,* Band 1-2, 2. Aufl. Berlin 1865.

GROSSMANN, G. ULRICH: *Östliches Westfalen. Vom Hellweg zur Weser. Kunst und Kultur zwischen Soest und Paderborn, Minden und Warburg.* Köln 1983.

GÜRTLER, RUDOLF: *Mitte der Senne. Schloss Holte-Stuckenbrock. Ein Heimatbuch.* Gütersloh 1985.

HEIMATBLÄTTER DER ROTEN ERDE. *Zeitschrift des Westfälischen Heimatbundes.* Band 1. Münster 1919/1920.

HENGST, KARL (HRSG.): *Westfälisches Klosterbuch. Lexikon der vor 1815 errichteten Stifte und Klöster von ihrer Gründung bis zur Aufhebung.* 2 Bände. Münster 1992.

HENKEL, GERHARD: *Geschichte und Geographie des Kreises Büren. Mit einer Gesamtkarte der Siedlungsgeschichtlichen Denkmäler.* Paderborn 1974.

*Historische Stadt- und Ortskerne in Nordrhein-Westfalen. Eine Dokumentation.* Herausgegeben vom Ministerium für Stadtentwicklung, Kultur und Sport des Landes NRW – Referat für Presse und Öffentlichkeitsarbeit. Herdecke und Düsseldorf 1995.

KUHN, ADALBERT UND WILHELM SCHWARTZ (HRSG.): *Norddeutsche Sagen, Märchen und Gebräuche aus Mecklenburg, Pommern, der Mark, Sachsen, Thüringen, Braunschweig, Hannover, Oldenburg und Westfalen.* Aus dem Munde des Volkes gesammelt. Leipzig 1848.

KUHN, ADALBERT: *Sagen, Gebräuche und Märchen aus Westfalen und einigen anderen besonders den angrenzenden Gegenden Norddeutschlands.* Leipzig 1859.

LANIUS, R.: *Der Hund im Steinbecker Holz. Nacherzählt von Robert Lanius.* In: Heimatland Lippe. Zeitschrift des Lippischen Heimatbundes und des Landesverbandes Lippe. 75. Jahrgang, Nr. 9. Detmold 1982.

LEXERS, MATTHIAS: *Mittelhochdeutsches Taschenwörterbuch.* Stuttgart 1986.

LORENZEN, ERNST UND WEITKAMP, HEINRICH: *Westfälische Sagen,* Bielefeld und Leipzig 1924.

LUHMANN, HEINRICH: *Westfälische Sagen.* Dortmund 1953.

MEISE, HEINRICH: *Der Kreis Halle (Westf.). Kreis- und Stadthandbücher des Westfälischen Heimatbundes.* Regensburg und Münster 1950.

PAETOW, KARL: *Bünde – Meine kleine Stadt erzählt,* Herford 1982.

PAETOW, KARL: *Die schönsten Wesersagen an der Märchenstraße von Kassel bis Bremen.* 6. Auflage. Hameln 2004.

PÖHLER, THERESE: *Sagen und Legenden des Paderborner Landes.* Paderborn 1986.

RADDATZ, CARLIES MARIA: *Vita sancti Waltgeri. Leben des heiligen Waltger. Die Klostergründungsgeschichte der Reichsabtei Herford.* Münster 1994.

REDEKER, WILHELM: *Westphälische Sagen, meist aus mündlicher Überlieferung gesammelt und mitgetheilt.* Minden 1830.

RÖLLEKE, HEINZ (HG.): *Westfälische Sagen, Vom Münsterland ins Paderbörnsche, vom Teutoburger Wald zum Ruhrgebiet.* Frankfurt/M., Berlin 1986.

RÜTHING, HEINRICH (HRSG.): *Das Leben des hl. Meinolf: eine niederdeutsche Handschrift.* Paderborn 1991.

SARTORI, PAUL: *Westfälische Volkskunde.* Frankfurt am Main 1980 (Nachdruck von 1921).

SASSEN, ANDREAS: *Die mittelalterliche Kirche zu Isselhorst.* Gütersloh 2000.

SAUERMANN, DIETMAR UND GREILICH, SABINE: *Sagenhafte Stätten. Ein Begleiter durch die Sagenwelt Westfalens,* Münster 1998.

SCHRÖDER, LUDWIG (HRSG.): *Aus Westfalen. Bunte Bilder von der roten Erde.* Leipzig 1899.

SCHÜTTLER, ADOLF: *Das Ravensberger Land.* Münster 1986.

SCHWANOLD, H., WIEMANN, A.: *Aus Niedersachsens Sagenborn.* I. Teil: Mittelweserland. Niedersächsische Heimatbücher. 2. Reihe. Bd. 6. Bad Salzuflen o. J.

SCHWARZE, GISELA: *Westfalen. Band 1. Ostwestfalen.* Sigmaringendorf 1991.

SCHWEINS, H.: *Der Kreis Warburg in Wort und Bild.* Paderborn 1961.

SEILER, JOSEPH: *Volkssagen und Legenden des Landes Paderborn.* Cassel 1848.

STEIMER, BRUNO UND WETZSTEIN, THOMAS: *Lexikon der Heiligen und der Heiligenverehrung.* Band I-III. Freiburg im Breisgau 2003.

TEMME, JODOCUS DEODATUS HUBERTUS (HRSG.): *Westphälische Sagen und Geschichten.* Von H. Stahl Elberfeld 1831.

TOBIEN, DR. W.: *Denkwürdigkeiten aus der Vergangenheit Westfalens. Nach Quellen und neueren Forschungen dargestellt.* Elberfeld 1869.

UHLMANN-BIXTERHEIDE, WILHELM: *Die rote Erde. Ein Heimatbuch für Westfalen.* Leipzig.

UHLMANN-BIXTERHEIDE, WILHELM: *Westfalens Sagenbuch. Die schönsten Sagen der Roten Erde.* Dortmund 1921.

VORMBAUM, FRIEDRICH: *Die Grafschaft Ravensberg.* Leipzig 1864.

WEDDINGEN, OTTO, UND HARTMANN, HERMANN: *Der Sagenschatz Westfalens.* Niederwalluf bei Wiesbaden 1971 (Nachdruck von 1884).

WEERTH, G.: *Die Armen in der Senne.* In: Püttmann, Hermann (Hg.): Deutsches Bürgerbuch für 1845. Darmstadt 1844.

WENGIEREK, MARTINA UND SCHILGEN, JOST: *Bad Oeynhausen,* Grasberg 1991.

WIENKE, HANS MARTIN: *Der Köterberg im Weserbergland.* Detmold 1978.

WOLFERSDORF, PETER (HRSG.): *Westfalische Sagen,* Kassel 1987.

ZAUNERT, PAUL: *Westfälische Sagen.* Jena 1927.

*950 Jahre Lerbeck. Beiträge zu seiner Geschichte 1033–1983,* Porta Westfalica 1983.

*Mindener Heimatblätter,* Nr. 20, Minden 1926.

*Mitteilungen des Mindener Geschichtsvereins 56,* Minden 1984.

*Zeitschrift für rheinisch-westfälische Volkskunde,* Nr. 26, Elberfeld 1909.

# Buchhinweise

**Kreis Minden-Lübbecke**
55 Highlights aus der Geschichte
Menschen, Orte und Ereignisse, die unsere Region bis heute prägen

*Winfried Hedrich*

978-3-96303-080-2
19,99 €

**Detmold**
1930–1970

*Andreas Ruppert, Mathias Schaftmeister*

978-3-86680-473-9
19,99 €

**Sagen aus dem alten Vest Recklinghausen**
Die schönsten Geschichten und Legenden

*Joachim Nierhoff*

978-3-95400-923-7
19,99 €

**Sagenhafte Lüneburger Heide**

Die schönsten Geschichten
von Riesen, Hexen und Dämonen

*Matthias Rickling*

978-3-95400-929-9
19,99 €